essentials

Essentials liefern aktuelles Wissen in konzentrierter Form. Die Essenz dessen, worauf es als „State-of-the-Art" in der gegenwärtigen Fachdiskussion oder in der Praxis ankommt. Essentials informieren schnell, unkompliziert und verständlich.

- als Einführung in ein aktuelles Thema aus Ihrem Fachgebiet
- als Einstieg in ein für Sie noch unbekanntes Themenfeld
- als Einblick, um zum Thema mitreden zu können.

Die Bücher in elektronischer und gedruckter Form bringen das Expertenwissen von Springer-Fachautoren kompakt zur Darstellung. Sie sind besonders für die Nutzung als eBook auf Tablet-PCs, eBook-Readern und Smartphones geeignet.

Essentials: Wissensbausteine aus Wirtschaft und Gesellschaft, Medizin, Psychologie und Gesundheitsberufen, Technik und Naturwissenschaften. Von renommierten Autoren der Verlagsmarken Springer Gabler, Springer VS, Springer Medizin, Springer Spektrum, Springer Vieweg und Springer Psychologie.

Christoph Mahr

Ressourcenaktivierung mit Hypnotherapie

Praktischer Einsatz auf den Spuren Milton H. Ericksons

Christoph Mahr
Institut Christoph Mahr
Berlin
Deutschland
www.ipt-berlin.de

ISSN 2197-6708 ISSN 2197-6716 (electronic)
essentials
ISBN 978-3-658-08728-9 ISBN 978-3-658-08729-6 (eBook)
DOI 10.1007/978-3-658-08729-6

Die Deutsche Nationalbibliothek verzeichnet diese Publikation in der Deutschen Nationalbibliografie; detaillierte bibliografische Daten sind im Internet über http://dnb.d-nb.de abrufbar.

Springer

Gedruckt auf säurefreiem und chlorfrei gebleichtem Papier

Springer Fachmedien Wiesbaden ist Teil der Fachverlagsgruppe Springer Science+Business Media (www.springer.com)

Was Sie in diesem Essential finden können

- Eine Einführung darüber, was alles als Ressourcen in Betracht kommt und wie wichtig eine ressourcenorientierte Grundhaltung ist
- Vielschichtige Informationen über die moderne Hypnose und ihre zentrale Leitfigur Milton H. Erickson
- Einen Einblick in Methoden der Ressourcenaktivierung
- Strukturierte und detailliert beschriebene Handlungsanleitungen zur Aktivierung von Ressourcen

Inhaltsverzeichnis

Über den Autor

Christoph Mahr ist Kommunikationstrainer, Therapeut, Dozent für Psychiatrie und Psychotherapie und Gestalter eines Modells integrativer Psychotherapie. Er hat in den vergangenen 17 Jahren im eigenen Institut in Berlin rund 70 Ausbildungen im Aufbau therapeutischer Handlungskompetenz durchgeführt und mehr als 2.500 Personen auf die amtsärztliche Überprüfung Psychotherapie nach dem Heilpraktiker-Gesetz vorbereitet.

Institut Christoph Mahr
Katharinenstraße 9, 10711 Berlin
christoph.mahr@t-online.de
www.ipt-berlin.de

1 Einleitung

Dieses Essential besteht aus einem theoretischen und einem praktischen Teil. In den Kap. 2 bis 5 finden Sie umfassende Informationen über Ressourcen im Allgemeinen und einen Überblick der verschiedenen Lebensbereiche, in denen man gezielt Ressourcen aufspüren kann. Weiterhin bekommen Sie Informationen über die Bedeutung einer ressourcenorientierten Grundhaltung als störungsübergreifende psychotherapeutische Perspektive. Last, but not least werden Sie mit vielen interessanten Informationen zur Person Milton H. Erickson versorgt. Er ist die Symbolfigur moderner Hypnose und einer ressourcenorientierten psychotherapeutischen Grundhaltung.

Die Kap. 6 bis 9 werden dominiert von strukturierten und praxisorientierten Handlungsanleitungen zur Ressourcenaktivierung. Diese sind detailliert beschrieben und für Sie als Anwender entsprechend gut nachvollziehbar. Der Bogen spannt sich von der relativ einfach durchzuführenden Imaginationsübung *Der sichere Ort* bzw. *Der Ort des Wohlbefindens* bis hin zum Erkunden von Ausnahmen mit Hilfe des komplexen Praxismodells der Lösungsorientierten Kurztherapie. Dazwischen liegen der Einsatz von Geschichten und Metaphern in einer hypnotischen Trance und gezielte Ressourcentransfers mit den Methoden *Reise zur Erinnerung* und *Moment of Excellence*.

C. Mahr, *Ressourcenaktivierung mit Hypnotherapie,* essentials,
DOI 10.1007/978-3-658-08729-6_1

2 Ressourcen

Im psychotherapeutischen Kontext versteht man unter Ressourcen die Gesamtheit der inneren Potentiale eines Menschen – die Quellen aus denen ein Mensch seine Kraft und sein Selbstwertgefühl bezieht. So wird der Begriff Ressource überwiegend mit Positivem verbunden, jedoch kann vieles, auch das vermeintlich Negative, Ressourcencharakter haben. Somit ließe sich auch die These aufstellen: „Nahezu alles kann eine Ressource sein."

Lassen Sie uns zunächst jedoch den Fokus auf die Kraftquellen richten, die am offensichtlichsten als Ressourcen gehandelt werden. Dazu gehören tragfähige Beziehungen, Wissen, Bildung, Beruf, Beschäftigung, Erfolge, Fertigkeiten, Interessen, Fähigkeiten, Bewältigungsstrategien, Werte, Überzeugungen, Erfahrungen von Selbstwirksamkeit, Talente, Geschicke, Ziele, Wünsche, Motivationen, Charaktermerkmale, besondere Momente des bisherigen Lebens, Gewohnheiten, physische Merkmale wie Kraft und Ausdauer, Neigungen und Stärken, sozialer Status, Besitztümer, finanzielle Möglichkeiten, Zugehörigkeiten zu Gruppen etc. Eine Ressource ganz besonderer Art ist die feste Verwurzelung in einem Glaubenssystem, welches die Gewissheit von etwas Größerem in sich trägt und einer spirituellen Ordnung im Universum Beachtung schenkt.

Einige der Ressourcen über die ein Mensch verfügt, sind ihm nicht bewusst oder zumindest für ihn nicht als solche erkennbar. Jedoch lassen sie sich allesamt positiv nutzen und können im Falle von Krankheit den Heilungsprozess fördern. Sie sind die Kraftquellen, die helfen einen Perspektivwechsel zu vollziehen, mit direkten positiven Auswirkungen auf das jeweilige Wohlbefinden.

In psychischen Leidzuständen machen Menschen kaum Gebrauch von ihren Ressourcen, die ihnen normalerweise zur Verfügung stehen. Symptome schaffen

C. Mahr, *Ressourcenaktivierung mit Hypnotherapie,* essentials,
DOI 10.1007/978-3-658-08729-6_2

einen geradezu hermetisch abgeriegelten Raum, der es den Betroffenen erschwert oder nahezu unmöglich macht auf ihren individuellen Reichtum zurückzugreifen. Ein Charakteristikum eines Problemzustandes ist die zunehmende Einengung der Aufmerksamkeitsausrichtung, die eine Sperrung und Nichtnutzung bewusster und unbewusster Ressourcen zur Folge hat. Je massiver die Probleme eines Menschen sind, desto eingeschränkter sind seine Wahlmöglichkeiten und sein Zugriff auf Ressourcen. Milton Erickson hat oft gesagt, dass wir dazu neigen, unsere Erfolge zu übersehen. Dies trifft im Besonderen auf Menschen zu, die sich in psychischen Leidzuständen befinden.

Somit sollte Psychotherapie von Beginn an ressourcenorientiert und kontinuierlich auf eine Aktivierung von Ressourcen ausgerichtet sein und sich auch einer umfassenden Ressourcendiagnostik bedienen. Da gute Kenntnisse über die individuellen Ressourcen eines Menschen die Bearbeitung problematischer Bereiche deutlich erleichtern, ist es sehr lohnend, sich vor dem Erarbeiten von Lösungen einen breiten Überblick über die Vorzüge und Potentiale der betreffenden Person zu verschaffen. Dem Therapeuten, der im Idealfall ein differenziertes Verständnis von Ressourcen hat, bieten sich zur gezielten Exploration verschiedene Informationsquellen an. Dazu gehören u. a. Fallkonzeptionen, Beobachtungen während der Therapiesitzungen, Erfahrungsberichte des Klienten – insbesondere über die positiv erlebten Zeiten - und auch strukturierte Fragebögen. Die folgende *Ressourcenanalyse* bietet einen Rahmen um selektiv vorhandene Ressourcen innerhalb der verschiedenen Lebensbereiche zu erkunden.

2.1 Ressourcenanalyse

Die Ressourcenanalyse gibt einen allgemeinen Überblick der verschiedenen Lebensbereiche mit möglichen Fragen zu ihren Teilaspekten. Unbedingt beachten sollte man, dass es nicht darum geht die folgenden Fragen pauschal von oben nach unten abzuarbeiten. Auch ansonsten gesunde Menschen können oftmals nicht alle Fragen unverzüglich und *ressourcevoll* beantworten. Entsprechend schwieriger gestaltet sich dies für Menschen, die sich in einem eher defizitorientierten Zustand befinden.

Die folgenden Fragen sind Anregungen derer man sich selektiv, intuitiv und mit Bedacht bedienen sollte. Sie können eine willkommene Einladung sein, ressourcevolle Erfahrungen aufzuspüren, um diese dann ausgiebig zu erkunden. Wichtiger als ein umfassender Überblick über die individuellen Ressourcen der jeweiligen Person ist, dass sich der Betreffende danach keinesfalls schlechter fühlt als zuvor.

Fähigkeiten/Fertigkeiten/Kompetenzen/Talente/Geschicke/ Stärken

- Welche Aufgaben bereiten Ihnen Spaß und Freude?
- Was geht Ihnen besonders leicht von der Hand?
- Gibt es Bereiche, in denen Sie schon um Rat gefragt wurden?
- Welche Vorlieben hatten Sie in Ihrer Kindheit?
- Was glauben Sie, welche Fähigkeiten haben Sie als Rüstzeug für Ihr Leben von Ihren Eltern und Großeltern mitbekommen?
- Was würden andere über Sie in Bezug auf Ihre Fähigkeiten sagen?
- Was glauben Sie, schätzen andere Menschen an Ihnen?

Beruflicher Werdegang/Bildung/Wissen

- Können Sie mir eine kurze Zusammenfassung über Ihren schulischen- und beruflichen Werdegang geben?
- Hatten Sie früher Lieblingsfächer in der Schule?
- Gibt es Wissensbereiche bei denen man sich an Sie wenden könnte?

Interessen/Hobbys

- Haben Sie Hobbys bzw. besondere Interessen?
- Gibt es eine bestimmte Art von Humor den Sie besonders mögen?
- Gibt es im Bereich von Kunst und Musik etwas, das Ihr Interesse hat?
- Gibt es Naturschauspiele, die Sie als etwas ganz Besonderes empfinden?
- Wo und in welchen Momenten finden Sie Ruhe und Entspannung?
- Welche Momente können Sie besonders genießen?
- Mögen Sie Sport?
- In welche Länder und Städte, die Sie bereist haben, würden Sie gerne noch einmal zurückkehren?
- Gibt es noch andere Länder und Städte, die Sie gerne bereisen würden?

Beziehungen

- Gibt es Menschen mit denen Sie viel verbindet?
- Mit welchen Aktivitäten füllen Sie die gemeinsame Zeit?
- Was ist Ihnen wichtig in Beziehungen?
- Gibt es Menschen, die Sie um Rat fragen können?
- Gibt es Gruppen, denen Sie zugehören?

Ziele/Wünsche/Motivationen/Erfahrungen von Selbstwirksamkeit

- Wenn Sie zurückblicken, können Sie dort Ziele ausmachen, die Sie erreicht haben?
- Was gibt es, das Sie noch gerne erreichen würden?
- Gab es Kindheitsträume, die Sie realisiert haben?
- Wenn Sie finanziell völlig unabhängig wären und könnten Ihr weiteres Leben vollkommen frei gestalten, mit welchen Inhalten und Tätigkeiten würden Sie es füllen?

Wichtige/besondere Momente des bisherigen Lebens

- An welche Momente in Ihrem Leben denken Sie besonders gerne zurück?
- Gab es Ereignisse durch die es zu einer *günstigen Weichenstellung* in Ihrem Leben kam?
- Welches Ereignis in Ihrem Leben, das zunächst sehr ärgerlich war, erwies sich später als vorteilhaft?
- Gab es Entscheidungen in Ihrem Leben, die sehr wichtig waren?

Glaubenshaltungen

- Welche Überzeugungen haben Ihnen in Ihrem Leben weitergeholfen?
- Gibt es einen Glauben, der Sie stärkt und Ihnen Mut und Zuversicht gibt?
- Glauben Sie an eine spirituelle Ordnung im Universum?

Wertehaltungen

- Was ist Ihnen besonders wichtig im Leben?
- Wofür setzen Sie sich ein?
- Gibt es Ideen mit denen Sie sich sehr verbunden fühlen?
- Gibt es Werte wie z. B. Selbstverwirklichung, Frieden, Freiheit, Respekt und Würde oder Zugehörigkeit, für die Sie eintreten oder gekämpft haben?
- Wie würde ein guter Freund Ihre positiven Eigenschaften beschreiben?

Welche Frage hätte ich Ihnen in diesem Zusammenhang noch stellen sollen?

3 Ressourcenorientierung

Ressourcenorientierung ist eine störungsübergreifende Perspektive, welche die Ressourcen eines Menschen in den Fokus der Aufmerksamkeit stellt, um sie dann für den Veränderungsprozess zu nutzen.

Da eine ressourcenbezogene Arbeit die therapeutische Wirkung merklich steigert, sollte moderne Psychotherapie ressourcenorientiert sein und sich der Therapiekonzepte bedienen, die deutliche ressourcenorientierte Vorstellungen und entsprechende Methoden haben. Es geht hier also nicht nur um Technik, sondern für den Therapeuten auch um die Herausbildung einer ressourcenorientierten Grundhaltung, die konkrete Fähigkeiten zur Ressourcenaktivierung als ein wichtiges Ziel ansieht.

Ressourcenorientierung geht in erster Linie auf den amerikanischen Psychiater und die zentrale Figur moderner Hypnotherapie Milton H. Erickson (1901–1980) zurück. Für ihn waren Probleme ein wesentlicher, jedoch zweitrangiger Aspekt gegenüber Lösungen, die immer an erster Stelle standen. Erickson, einer der kreativsten und innovativsten Therapeuten des 20. Jahrhunderts, stand auch anderen Konzeptentwicklern Modell. Zu nennen wäre hier Steve de Shazer, dessen Lösungsorientierte Kurztherapie in erster Linie auf den Arbeiten Ericksons basiert. Anfang der 1970er Jahre begann de Shazer 700 dokumentierte Therapiefälle von Erickson zu studieren, kopierte seinen Arbeitsstil, um auf diese Weise seine Interventionsmuster bewusst zu machen und gleichzeitig zu strukturieren. Des Weiteren Richard Bandler und John Grinder, die Entwickler des NLP. Fundamentale Erkenntnisse und Inhalte des Neuro-Linguistischen Programmierens stammen aus der Beobachtung und dem Modellieren von Ericksons Interventionen. So sind es insbesondere die moderne Hypnotherapie und die von ihm abgeleiteten Konzepte,

C. Mahr, *Ressourcenaktivierung mit Hypnotherapie,* essentials,
DOI 10.1007/978-3-658-08729-6_3

die deutliche ressourcenorientierte Vorstellungen haben und über entsprechende Methoden zur Ressourcenaktivierung verfügen.

In der traditionellen Psychotherapie wurde nahezu alles aus der Problemperspektive betrachtet. Für das Verständnis der Problematik eines Menschen ist die Einnahme dieser Perspektive natürlich, notwendig und angemessen. Auch bei spezifischen Problemstellungen wie Phobien und Zwängen, bringt eine Fokussierung auf die Störungen mit ihren Gefühlsaspekten gute Erfolge hervor. Wenn man jedoch glaubt, man könne bei allen Problemstellungen mit derselben Perspektive auch die Veränderung konzipieren, indem man den Fokus auf all das richtet wovor der Betreffende Angst hat, womit er in seinem Leben unzufrieden ist oder welchen Einschränkungen er unterliegt, dann befindet man sich auf dem Holzweg.

Woher sollen Kraft und Mittel für die Veränderung kommen, wenn nicht aus dem, was der Patient und seine Lebenssituation bereits an Intentionen und Möglichkeiten mitbringen bzw. enthalten? Wenn man Veränderung aus einer Problemperspektive heraus betreiben will, geht man von einem grundlegenden Irrtum aus, nämlich dem, dass der Therapeut es ist, der den Patienten ändert. In Wirklichkeit ändert sich aber in einer erfolgreichen Therapie der Patient in Interaktion mit einem Anstöße gebenden und unterstützenden Therapeuten. Dass sich der Patient für seine Veränderung selbst verantwortlich fühlt, ist nach einer Vielzahl empirischer Befunde eine wichtige Voraussetzung für ein gutes Therapieergebnis (Orlinsky et al. 1994; Schulte 1996).

Ressourcen sind der Motor und das Vehikel der Veränderung. Eine Grundannahme humanistischer Psychologie ist, dass ein Mensch alle erforderlichen Ressourcen in sich trägt, die er zur Befreiung aus psychischen Leidzuständen benötigt.

Die Wahrnehmung eigener Ressourcen zu fördern und so den Klienten zu helfen eine Metaperspektive zu erlangen, ist eine sehr wichtige Aufgabe moderner Psychotherapie. Dabei sollte auch die Eigenverantwortlichkeit der Klienten gefördert werden, denn eine Veränderung ist ohne echtes Bemühen nicht möglich. Jeder Mensch, der sich verändern will ist in der Pflicht, eine wirkliche Entscheidung zu treffen und dieser dann auch die Handlung folgen zu lassen. Mit Erich Kästners Worten: „Es gibt nichts Gutes außer man tut es." Eine Therapie ist insofern effektiv, wie es ihr gelingt, mit Hilfe von Ressourcen den Willen eines Menschen hervorzubringen, ihn zu beleben, zu stärken, um mit Entschiedenheit und Entschlossenheit das Neue, die Veränderung wirklich zu wollen.

3.1 Die Person Milton H. Erickson

Wenn man etwas mehr über die Person Milton H. Erickson erfährt, wird deutlich, warum die moderne Hypnotherapie eine so überaus ressourcenorientierte Therapiemethode ist. Auch sollte nicht unerwähnt bleiben, dass Erickson sich viele

Jahre damit beschäftigte die therapeutische Arbeit auch jenseits der Hypnose weiterzuentwickeln. Verschiedene seiner Behandlungsmethoden waren nicht mit der formellen Induktion einer Trance verbunden. Er pflegte einen besonderen Therapiestil, der Hypnose einschließen konnte oder auch nicht. So war es letztlich auch Steve de Shazer möglich seine lösungsorientierte Kurztherapie zu entwickeln, die in erster Linie auf den Arbeiten Ericksons basiert, jedoch völlig ohne den Aspekt der Trance auskommt.

Auch wenn Erickson mehr als jede andere Person die moderne Hypnose geprägt und beeinflusst hat, so wird es vielleicht einige überraschen zu hören, dass er sich im Telefonbuch immer nur als Psychiater und Familienberater bezeichnete.

Erickson hatte eine Vielzahl von Einschränkungen und Behinderungen. Die massivsten waren entstanden durch seine zwei Polio-Erkrankungen, die ihn zeitlebens im Gebrauch seiner Arme und Beine einschränkten und auch zuweilen beträchtliche Schmerzen verursachten. Des Weiteren war er farbenblind, konnte keine Tonhöhen unterscheiden und war als Kind Legastheniker. Er lernte diese Merkmale als besondere Eigenschaften *(Ressourcen)* zu schätzen, die es ihm ermöglichten, zu lernen und Freude am Leben zu haben. Er konnte all diesem vermeintlich Negativen, Positives abgewinnen, vergaß jedoch auch nie den Wert des Leidens zu betonen. Mit eben dieser Einstellung wandte er sich seinen Patienten zu, um ihnen zu helfen. Er war es, der es auf besondere Weise verstand, Symptome als intelligente und kreative Lösungen des Unbewussten zu würdigen und wertzuschätzen. Wenn andere Menschen Erickson gegenüber ihr Bedauern über seine Leiden zum Ausdruck bringen wollten, dann unterbrach er sie regelmäßig und wies daraufhin, dass genau diese Leiden seine Fähigkeiten hervorgebracht hätten, so wie auch sein Wissen um die Macht und Kraft des Unbewussten.

Somit kommen wir zurück zur These: „Nahezu alles kann eine Ressource sein." Vielleicht haben Sie ja auch schon Erfahrungen in Ihrem Leben gemacht, die in dem Moment als sie stattfanden, von Ihnen als nachteilig erlebt wurden und konnten erst rückblickend erkennen, was Positives für Sie daraus hervorging. Durch so manch vermeintlich Negatives, kann es zu günstigen Weichenstellungen im Leben kommen. Wir müssen das Leben vorwärts leben, jedoch verstehen wir es rückblickend zuweilen besser (frei nach Sören Kierkegaard). Was ist passiert? Der Blickwinkel hat sich verändert, man betrachtet etwas aus einer anderen Perspektive – in einem anderen Licht. Ein sehr bekanntes Beispiel für die Möglichkeit etwas zu betrachten und folgend zu bewerten ist das Wasserglas, das halb voll oder halb leer sein kann. Je nachdem, ob der Blickwinkel optimistisch oder pessimistisch ist. Hervorragende Möglichkeiten, bei Menschen Perspektivwechsel anzuregen, bieten Geschichten und Metaphern – eine der Paradedisziplinen von Erickson.

Menschen gezielt dabei unterstützen eine Bedeutungsveränderung vorzunehmen, die idealerweise mit der Erkenntnis einhergeht, dass das vermeintlich problematische Verhalten bzw. das Symptom auch durchaus positive Aspekte hat, wird im therapeutischen Kontext *Reframing* genannt. Eine Strategie, die weit verbreitet ist und ein ressourcenorientiert arbeitender Therapeut im Repertoire haben sollte. Ein gelungenes Reframing wandelt den Bezug und macht die Grenzen zwischen Bewusstem und Unbewusstem durchlässiger. Durch diese zuweilen sehr kraftvolle Intervention, wird ein Prozess des Akzeptierens angestoßen, der bereits den Keim der Veränderung in sich trägt. Neues lässt sich in aller Regel erst dann erlangen, wenn das Alte angenommen wurde.

Ericksons Blick war zutiefst positiv und richtete sich ganz eindeutig auf das, was möglich war. Es ging ihm nicht um die Korrektur von vermeintlichen Fehlern, sondern um eine Erweiterung des Spektrums der Wahl- und Ausdrucksmöglichkeiten eines Menschen. Entgegen der vorherrschenden Ansicht der orthodoxen Therapie seiner Zeit, sah er das Unbewusste nicht als Moloch widerwärtiger Impulse und Vorstellungen, sondern als eine positive Kraft und einen Speicher schier unerschöpflicher Ressourcen. Er konzentrierte sich darauf, den Zielen und Bedürfnissen des Selbst in der Gegenwart zu entsprechen, und nicht darauf, die Vergangenheit zu verstehen. Entsprechend war er nicht der Meinung, mit Hilfe aller zur Verfügung stehenden Methoden die verhängnisvollen Vorstellungen und Gefühle des Patienten zu interpretieren und auf „Teufel komm raus" dem Bewusstsein zugänglich zu machen. „Verdrängungen müssen nicht notwendig mit Gewalt gebrochen werden. Häufig ist ihre Aufrechterhaltung wesentlich für den therapeutischen Fortschritt." (Erickson 1948). Er machte eher von den Möglichkeiten einer gesteuerten Amnesie Gebrauch, wenn es ihm sinnvoll erschien, dass schmerzvolle Erfahrungen vergessen werden sollten.

Erickson vertrat unbeirrt die Meinung, dass das Unbewusste dem bewussten Verstand weit überlegen ist. Um dies zu verdeutlichen führte er gelegentlich das Beispiel des Tausendfüßlers an, der mit seinen vielen Füßen problemlos zurechtkommt, solange er dies unbewusst tut. Würde er versuchen seine Füße bewusst zu koordinieren, hätte er sofort enorme Schwierigkeiten. Auch für uns Menschen mit nur zwei Beinen gilt das Gleiche. Nicht nur beim Laufen, sondern überhaupt bei der uns völlig selbstverständlichen Koordination unserer Gliedmaßen, wie auch bei vielen zielorientierten Aktivitäten des Lebens, wäre es verhängnisvoll auf die positiven Kräfte des Unbewussten verzichten zu müssen.

4 Ressourcenaktivierung

Ein wichtiges Anliegen der Psychotherapieforschung ist, die Psychotherapie zum Wohle des Menschen transparenter zu machen. Ein Aspekt im Rahmen dieses integralen Bestandteils der Psychotherapiewissenschaft ist die grundsätzliche Erforschung der Gesetzmäßigkeiten der Veränderung menschlichen Erlebens und Verhaltens. So kann sich der Fokus der Erforschung beispielsweise auf die Wirksamkeit und Wirkweise eines spezifischen Therapieverfahrens richten. Eine weitere Möglichkeit wäre, die Untersuchung auf eine bestimmte Krankheit auszurichten, um festzustellen mit welcher Methode sich bei diesem Störungsbild die größten Behandlungserfolge realisieren lassen.

Einer ganz anderen Fragstellung in diesem Zusammenhang ging der Psychotherapieforscher Klaus Grawe (1943–2005) nach: *Welches sind die übergeordneten Elemente der Psychotherapie, die eine notwendige Voraussetzung für das Gelingen sind und somit in jeder wirkungsvollen Psychotherapie enthalten sein sollten?* Die schulen- und methodenübergreifenden Wirkfaktoren, die Grawe nach umfangreichen wissenschaftlichen Forschungen empirisch nachprüfbar identifizieren konnte, sind:

1. Therapeutische Beziehung
2. **Ressourcenaktivierung**
3. Problemaktualisierung
4. Motivationale Klärung
5. Problembewältigung

C. Mahr, *Ressourcenaktivierung mit Hypnotherapie,* essentials,
DOI 10.1007/978-3-658-08729-6_4

Diese Betrachtung von Psychotherapie lässt sich als Meilenstein in der Entwicklung der psychotherapeutischen Prozessforschung ausmachen. Die Wirkfaktoren sind ein Schritt zur Überwindung der Gräben, welche sich im Laufe der Jahre zwischen den verschiedenen Therapierichtungen aufgetan haben und sind somit aus wissenschaftlicher Sicht auch der Kern integrativen Denkens und Handelns. Aus dieser übergeordneten Perspektive geht es jetzt nicht mehr um die Frage welches Therapieverfahren besser oder schlechter ist, sondern darum, welches Verfahren bezüglich eines spezifischen Wirkfaktors besonders viel zu bieten hat. Auch ist die Nutzung der einzelnen Wirkfaktoren keine Frage von *Entweder-oder*, sondern es sollten grundsätzlich alle in Betracht gezogen werden, um sie, wann immer sich die Möglichkeit dazu bietet, systematisch zu nutzen.

Beim Wirkfaktor der Ressourcenaktivierung geht es darum die Ressourcen, die für die betreffende Person und für den therapeutischen Veränderungsprozess besonders wichtig sind, aufzuspüren und entsprechend nutzbar zu machen.

Je mehr es dem Therapeuten gelingt durch sein therapeutisches Angebot, solche vorhandenen Ressourcen zu aktivieren, umso mehr wird sich der Patient in der Therapie in seinen positiven Möglichkeiten und seinen eigenen Zielen und Werten gespiegelt sehen und entsprechend in seinem Selbst aufgewertet fühlen. Ressourcenaktivierung knüpft an die vorhandenen Ziele, Werte und Möglichkeiten des Patienten an und versucht diesen in der Therapie möglichst viel Raum zu geben (Grawe 1998).

Die Bedeutung, die eine gelungene Ressourcenaktivierung für das Therapieergebnis hat, ist unmittelbar einleuchtend. Wenn Menschen sich in einem defizitorientierten Zustand befinden und therapeutische Hilfe in Anspruch nehmen, werden sie durch eine gelungene Ressourcenaktivierung in ihren positiven Zielen und Fähigkeiten erkannt und bestätigt. Aktivierte Ressourcen unterstützen die Betroffenen, ihre innere Balance wiederzufinden und helfen so, von einem negativen in einen förderlicheren, positiven Stimmungszustand zu gelangen. Denn wenn ein in seinem Selbstwert angeschlagener Mensch mit den Quellen seiner Kraft in Verbindung kommt, kann er erkennen, dass er mehr und größer ist, als das Leid, mit dem er sich identifiziert.

Das Erleben in veränderten Bedeutungen mit direkten positiven Auswirkungen auf das Wohlbefinden führt auch zu einer Verbesserung der Motivation, der Selbstwirksamkeit und fördert so auch die Compliance (Mitarbeit in der Therapie) – allesamt wichtige Aspekte erfolgreicher Psychotherapie.

Durch eine gute Ressourcenaktivierung, mit ihren positiven Emotionen, wird im Gehirn auch die unverzichtbare neuronale Voraussetzung für eine Hemmung negativer Emotionen wie Angst geschaffen. Der Therapieerfolg ist also zu einem wesentlichen Teil davon abhängig, wie gut es ihr gelingt Ressourcen aufzuspüren, zu aktivieren und für den Veränderungsprozess nutzbar zu machen.

Psychotherapie, die sich an den empirischen Erkenntnissen moderner Psychotherapieforschung orientiert, achtet das Prinzip der Ressourcenaktivierung, um die Möglichkeiten angestrebter Veränderungen optimal zu verwirklichen. Entsprechend sollten Therapeuten neben einem umfangreichen Repertoire an störungs- und problemspezifischen Interventionen, auch über ein angemessenes Repertoire zur Ressourcenaktivierung verfügen. Sehr nützlich sind in diesem Zusammenhang gute Kompetenzen in der Anwendung hypnotischer Sprachmuster, um die Kommunikation mit dem Unbewussten zu erleichtern. Auf den positiven Wert von Interventionen der Hypnotherapie und der von ihr abgeleiteten Therapieverfahren und Modelle wurde bereits an anderer Stelle hingewiesen.

5 Hypnotherapie

Die moderne Hypnotherapie nach Milton Erickson ist eine ziel-, lösungs- und ressourcenorientierte Therapiemethode bei der eindeutig die Potenziale eines Menschen im Vordergrund stehen und nicht seine Defizite.

Auch wenn die moderne Hypnotherapie seit Jahrzehnten in Sachen wissenschaftlicher Anerkennung und Akzeptanz eindeutig auf dem Vormarsch ist, konnte sie sich auf breiter Ebene noch nicht von ihren Mythen und Vorurteilen befreien. Selbst bei therapeutisch nahestehenden Personengruppen gibt es noch immer Vorstellungen von Manipulation, Machtlosigkeit, Unterwerfungsbeziehungen und von zu Willenlosigkeit verurteilten Klienten. Zu diesen Ansichten gehört auch der Glaube, dass der Hypnotiseur, in diesem Fall der Therapeut nahezu übernatürliche Fähigkeiten besitzt, bei der er Suggestionen in einen passiven Behälter (den Klienten) einpflanzt.

Zum Glück gestaltet sich die Realität anders, denn entgegen früherer Auffassungen ist die mittels hypnotischer Sprachmuster hervorgerufene Trance ein völlig natürlicher von innen ausgelöster Zustand und keiner der von außen übergestülpt wird. Erickson definierte die Trance als einen Zustand einer erhöhten nach innen gerichteter Aufmerksamkeit. Er ging davon aus, dass die Selbstheilungsprozesse dem Klienten nicht äußerlich einzuflößen sind, sondern dass es sehr viel effektiver ist, sie aus dem Fähigkeits- und Erfahrungsspeicher des Klienten von innen her aufzubauen. Auf Seiten des Therapeuten führt dieser Ausgangspunkt zu einer Verringerung des Handlungsstresses, denn der Klient trägt die Lösung zu seinem Problem bereits in sich.

Ein sehr anschauliches Beispiel, dass verdeutlichen soll wie das Prinzip *Was dir in einem Lebensbereich gut gelingt, kannst du auch in einem anderen nutzen,*

C. Mahr, *Ressourcenaktivierung mit Hypnotherapie,* essentials,
DOI 10.1007/978-3-658-08729-6_5

funktioniert, ist folgendes: Zu Erickson wurde ein zehnjähriger Junge mit Enuresis (unwillkürliches Einnässen) gebracht, der trotz zahlreicher Versuche dem Problem Herr zu werden, noch keine Fortschritte gemacht hatte. Wie so oft in Kindertherapien verbündete er sich mit dem Jungen gegen die Eltern und stellte das Einnässen als unwichtige Sache hin. Er wusste darum, dass der Junge gerne Fußball spielte und so sprach er darüber wie wichtig es sei, im Spiel die verschiedensten Muskelgruppen zu kontrollieren und zu koordinieren und diese im richtigen Moment zu entspannen, um sie dann wieder anzuspannen. Er zeigte dem Jungen lang und ausgiebig wie erfolgreich er bereits seine Muskeln und ihre Tätigkeit beherrschte und das er bereits alles konnte, um das eher unwichtige Problem mit dem Einnässen zu lösen. Die Übertragung der bereits vorhandenen Fähigkeiten auf das eigentliche Problem ging dann von selbst.

Wir betrachten Hypnotherapie als einen Prozess, durch den wir den Menschen helfen, ihre eigenen Assoziationen, Erinnerungen und Lebenspotentiale für die Erreichung ihrer eigenen therapeutischen Ziele nutzbar zu machen. Hypnotische Suggestion kann den Gebrauch von Fähigkeiten und Potentialen erleichtern, die in einem Menschen bereits existieren, aber aufgrund mangelnden Trainings oder Verständnisses ungenutzt oder unterentwickelt bleiben (Erickson und Rossi 1979).

Für die hier beschriebene Grundhaltung führte Erickson den Begriff Utilisation (Nutzbarmachung) in die Psychotherapie ein. Ein Aspekt, in dem er wahre Meisterschaft erlangte und dem mittlerweile nicht nur Hypnotherapeuten versuchen so gut wie möglich Rechnung zu tragen. Erkennen, was beim Klienten an Ressourcen vorhanden ist, um diese dann für den Veränderungsprozess nutzbar zu machen, verleiht der Psychotherapie auch eine besondere Note von Eleganz und Leichtigkeit. Dieser Gesichtspunkt macht auch deutlich, dass alle Veränderung der Klient selbst vollzieht.

Hierzu ein weiteres Beispiel, dass aufzeigt, wie bereits Vorhandenes für die gewünschte Veränderung utilisiert werden kann und zugleich eines, das auch ohne formelle Tranceinduktion auskommt. Erickson wurde zu einer älteren, sehr wohlhabenden Dame auf Wunsch eines ihrer Verwandten gerufen. Sie war sehr religiös, hatte jedoch kaum Freunde und isolierte sich sehr stark. Selbst nach dem Kirchgang, eine ihrer wenigen Aktivitäten, verschwand sie umgehend in ihrem Haus. Seit fast einem Jahr war sie depressiv, was der Grund für die Sorgen ihrer Verwandten war. Erickson besuchte sie und ließ sich von ihr durch alle Räume ihres Hauses führen, um dort, was auch immer zu finden. Als er einen Blumentopf mit Pflänzchen und drei Veilchen entdeckte, hatte er alles gesehen, was er sehen wollte. Er sagte ihr, sie solle viele Veilchen kaufen, alle, die sie sieht und mehrere hundert Blumentöpfe, um Veilchen zu züchten. Sobald die Setzlinge gut verwurzelt sind, solle sie auf Geburtsanzeigen, Verlobungen, Hochzeiten und Todesfälle reagieren und dort Veilchen hinschicken. Schließlich hatte sie so viele Veilchen zu versorgen, dass dies einen großen Teil des Tages in Anspruch nahm und gewann über die Veilchen-Geschenke auch viele Freunde. Erickson äußerte sich dahin gehend, dass er nur ihre Nase in die richtige Richtung gestoßen hat; die eigentliche Therapie hat sie dann selbst durchgeführt. Letztlich ist dies auch ein Beispiel für Ericksons unerschütterliches Vertrauen in die vorhandenen Ressourcen und in die Möglichkeiten des Menschen, seine Probleme selbst lösen zu können.

Auch wenn es in diesem Fall keine formelle Induktion einer Trance gab, bedeutet dies nicht, dass sich Erickson nicht doch hypnotischer Sprachmuster bediente, um die ältere Dame zum Handeln zu motivieren. Weiter oben wurde schon durch Erickson und Rossi darauf hingewiesen, dass hypnotische Suggestionen den Gebrauch von bereits vorhandenen Fähigkeiten und Potentialen erleichtern können. Was die Anwendung und Wirksamkeit hypnotischer Sprachmuster betrifft, ohne sich einer formellen Induktion von Trance zu bedienen, sind für mich selbst meine Ausbildungen zur Prüfungsvorbereitung die beste Erfahrungsplattform. Eine wahrlich elegante Möglichkeit, bereits vorhandene Potentiale in einem Menschen zu aktivieren.

Zurück zur Trance, als das zentrale Element hypnotherapeutischer Arbeit. Durch sie wird der rational-analytische Verstand abgelenkt und die vom Bewusstsein des Klienten ausgeübte Kontrolle mit all seinen Überzeugungen und angelernten Beschränkungen ist vorübergehend aufgehoben. Das außer Kraft setzen bewusster Prozesse, gibt dem Unbewussten den benötigten Raum für kreative und bedeutungsvolle Veränderungen.

So wird nun versucht die Aufmerksamkeit unter Ausschaltung äußerer Störfaktoren auf die inneren Vorgänge des Klienten zu lenken, auf seine eigenen Körperempfindungen, seine Erinnerungen, Gefühle, Vorstellungen, auf in der Vergangenheit Gelerntes und Erlebtes. Zur Induktion und während der Trance werden indirekte Botschaften mit Hilfe von Geschichten, Metaphern, Analogien und Wortspielen gegeben, um beim Klienten Ideen und Lösungsmöglichkeiten für seine Probleme anzuregen.

Während der bewusste Verstand also rational-analytisch arbeitet, ist die Sprache des Unbewussten die der Metaphern, Mythen und Märchen. So führte Erickson in seinen späten Lebensjahren keine klassischen Tranceinduktionen mehr durch, sondern nutzte seine Sprachkunst, um durch das Erzählen von Geschichten natürliche Trancezustände anzuregen.

Auf den folgenden Seiten finden Sie verschiedene praxisorientierte Handlungsanleitungen zur Ressourcenaktivierung. Diese sind strukturiert und detailliert beschrieben und für Sie als Anwender entsprechend gut durchführbar.

Bei der ersten Anleitung, *Der sichere Ort* bzw. *Der Ort des Wohlbefindens,* wird ganz gezielt nach den Aspekten Sicherheit bzw. Wohlbefinden gesucht. Es handelt sich hierbei um eine relativ einfach durchzuführende und auch problemlos mit anderen Verfahren zu kombinierende Imaginationsübung.

Weiterhin bleiben wir auf den Spuren Milton Ericksons und Sie finden ganz praktische Informationen darüber, was man bei der Hypnose und dem Induzieren einer Trance unbedingt beachten sollte. Ebenso werden Sie darüber informiert, wie sich das Ablaufgeschehen einer hypnotischen Trance gestaltet und über die Möglichkeit, sehr wirkungsvoll mit Geschichten und Metaphern zu arbeiten, um Ressourcen zu aktivieren – eine der Paradedisziplinen von Erickson. Die Trance *Der Fluss der Zeit* beinhaltet dann auch verschiedene Metaphern und eine Geschichte mit spezifischer Zielsetzung.

Der Transfer von Ressourcen sollte zum Standardrepertoire eines jeden Therapeuten gehören. Zwei Methoden *Moment of Excellence* und *Reise zur Erinnerung* werden vorgestellt. Diese sind dank detaillierter Beschreibungen und strukturierter Handlungsanleitungen auch für wenig Geübte sehr gut durchführbar. Weiterhin wird das Ankern vorgestellt – die Möglichkeit, eine neuronale Verknüpfung mit Ressourcen herzustellen. Eine Technik, die ein Aspekt bei der Methode *Moment of Excellence* ist.

Die letzte in diesem Band aufgeführte Möglichkeit zur Ressourcenaktivierung ist das Erkunden von Ausnahmen. Eine Methode, die insbesondere im Rahmen der Lösungsorientierten Kurztherapie (LKT) erprobt und kultiviert wurde. Die LKT ist ein Verfahren, welche ohne die formelle Induktion einer Trance auskommt, jedoch im Wesentlichen auf den Interventionsmustern Ericksons basiert. Sie finden auch hier eine strukturierte Handlungsanleitung über das Ablaufgeschehen, mit ihrem zentralen Element, dem Erkunden von Ausnahmen.

Der sichere Ort und Der Ort des Wohlbefindens 6

Die Imaginationsübungen *Der sichere Ort* und *Der Ort des Wohlbefindens* dienen der Stabilisierung und Selbstberuhigung und können auch der ressourcenorientierte Ausgangs- und Endpunkt einer therapeutischen Sitzung sein. *Der sichere Ort* vermittelt im Idealfall die Erfahrung von absoluter Sicherheit und Geborgenheit – Qualitäten, die allgemein ein sehr förderlicher Ausgangspunkt für das therapeutische Arbeiten sind. Bei regelmäßiger Anwendung wird auch die Therapie selbst mit einem Ort von Sicherheit und Geborgenheit in Verbindung gebracht. Viele Menschen können sich jedoch in keiner Weise vorstellen, dass sie überhaupt irgendwo sicher sind. Ein Umstand, der es notwendig macht auf den Ort des Wohlbefindens umzuschwenken – eine Erlebnisqualität, die nahezu jeder Mensch erinnern und entsprechend auch erleben kann.

Diese Form von Ressourcenaktivierung, die man bei praktisch allen Problemstellungen durchführen kann, ist insbesondere bei früh und komplex traumatisierten Menschen von großer Wichtigkeit. Sie wird den Betroffenen im klinischen und ambulanten Bereich vermittelt mit dem Ziel, sie dann auch eigenverantwortlich zu Hause durchzuführen.

Der sichere Ort und *Der Ort des Wohlbefindens* sind dahingehend angelegt den Nachhallphänomenen bzw. Flash-Backs (wiederkehrende Bilder des Traumas) als eine Art korrigierende Erfahrung etwas entgegenzusetzen, wobei mit Vorzug *Der sichere Ort* vermittelt werden sollte. Menschen mit schweren Traumatisierungen wurden durch das Trauma in ihrer Sicherheit wesentlich beeinträchtigt, ja geradezu herausgerissen – wenn sie diese überhaupt jemals zuvor erlebt haben.

C. Mahr, *Ressourcenaktivierung mit Hypnotherapie,* essentials,
DOI 10.1007/978-3-658-08729-6_6

6.1 Methode

1. **Aufklärung über Imagination**
   Klären Sie ihren Klienten auf, dass es sich bei dem Folgenden um eine Imaginationsübung handelt, eine Auseinandersetzung, die in der Phantasie stattfindet.
2. **Informationsvermittlung**
   Versuchen Sie es zunächst mit *Der sichere Ort* und geben sie Ihrem Klienten im Vorfeld folgende Informationen: Wenn Menschen mit ihrer Vorstellungskraft in ihrem Innern etwas erzeugen, wie z. B. einen Ort der Sicherheit, dann kann dieser Ort überall sein, auf der Erde oder außerhalb, auf einem anderen Planeten oder im Universum. Beliebte Orte sind Häuser, Baumhäuser, Inseln, Verstecke, Höhlen etc.
   Wichtig ist, dass ein solcher Ort von Sicherheit, frei ist von anderen, persönlich bekannten Personen – Beziehungen zu diesen Personen können sich phasenweise schwierig gestalten. Wesenheiten aus Märchen und Mythen hingegen sind durchaus willkommen.
   Auch sollten diese Orte im Idealfall unabhängig von Objekten sein, die sich eventuell im Laufe des Lebens des persönlichen Zugriffs entziehen, wie z. B. die gegenwärtige Wohnung.
3. **Erste Imagination Ort der Sicherheit**
   Nachdem die Informationen vermittelt wurden, bittet man den Klienten seine Augen für einen kurzen Moment zu schließen und sich einen Ort vorzustellen, an dem er ein Gefühl von Sicherheit erleben kann. Geben Sie ihrem Klienten für diesen Schritt ca. 2 min Zeit.
4. **Reorientierung und Informationssammlung**
   Leiten Sie ihren Klienten an, seine Augen wieder zu öffnen. Erkundigen Sie sich, inwieweit er sich einen Ort mit dem Gefühl von Sicherheit vorstellen konnte. Wenn JA, lassen Sie sich diesen Ort beschreiben und machen sich ggf. ein paar Notizen.
   Wenn es nicht möglich war einen sicheren Ort zu imaginieren, geht es zurück zu Schritt 3, mit der Bitte in der Vorstellung einen Ort auftauchen zu lassen an dem spürbares Wohlbefinden möglich ist.
5. **Elemente zur Steigerung von Sicherheit bzw. Wohlbefinden**
   Teilen Sie ihrem Klienten mit, dass eine Ausschmückung des Ortes der Sicherheit bzw. des Wohlbefindens mit verschiedensten Elementen und Qualitäten das angestrebte Gefühl unterstützen oder sogar verstärken kann. Dabei kann es sich um Hecken, Lichtfelder, Tiere, Schutzpersonen, Pflanzen, Decken, Kissen, Mauern, Stellwände, Farben, Geräusche, Töne, Klänge etc. handeln.

6. **Zweite Imagination Ort der Sicherheit bzw. des Wohlbefindens**
   Bitten Sie Ihren Klienten erneut die Augen zu schließen und an seinen Ort der Sicherheit bzw. des Wohlbefindens zurückzukehren. Unterstützen Sie ihn dabei, z. B. durch Hinzunahme der Informationen, die Sie bei Schritt 4 erhalten haben und dem Ansprechen der verschiedenen Sinnesmodalitäten, insbesondere Sehen, Hören und Fühlen. Geben Sie auch nochmal die Instruktion, dass man während der Imagination alles entfernen kann was stört und alles hinzufügen kann, was dem Gefühl von Sicherheit bzw. Wohlbefinden zuträglich ist.
   Lassen Sie sich und Ihrem Klienten die nötige Zeit, damit er in Ruhe gestalten und entwickeln, entfernen und hinzufügen kann, um letztlich ausgiebig das angestrebte Gefühl zu erleben.
7. **Reorientierung, Detailinformationen und Namensgebung**
   Leiten Sie Ihren Klienten an, die Augen wieder zu öffnen und lassen Sie sich die Details mitteilen, welche Sicherheit bzw. Wohlbefinden unterstützen. Halten Sie diese schriftlich fest. Ein vom Klienten gewählter und bezeichnender Name für den imaginierten Ort erleichtert spätere Zugriffe.

Mit Hilfe der bei Schritt 7 gewonnenen Detailinformationen und dem gewählten Namen, können Sie Ihren Klienten jederzeit unterstützen an diesen ressourcevollen Ort zurückzukehren. Vielleicht entscheiden Sie sich auch dafür, einzelne Sitzungen mit dieser Imagination zu beginnen und auch zu beenden.

7 Die hypnotische Trance

Trance ermöglicht uns, nahezu jede beliebige reale, erinnerte oder phantasierte Szene mit allen emotionalen und körperlichen Auswirkungen zu erleben. Auch wenn wir konditioniert sind zu glauben, dass die äußere Welt realer ist als unsere innere Welt, kann unser Gehirn nicht zwischen den Dingen, die wir im Hier und Jetzt wahrnehmen und denen aus unserer Erinnerung unterscheiden. Ganz gleich, ob das Erleben real oder in der Vorstellung stattfindet, werden im Gehirn die gleichen spezifischen Neuronen-Netzwerke befeuert. Aus diesem Grund ist die Trance ein idealer Zustand, um Ressourcen zu aktivieren.

Um Menschen flexibel und wirkungsvoll in Trance zu führen, bedarf es eines grundsätzlichen Verständnisses hypnotischer Sprachmuster. Es geht darum, die Sprache in einer kunstvoll vagen, sehr allgemeinen, unspezifischen jedoch bedeutungsvoll klingenden Weise zu gebrauchen und dabei Präzision und Zielsetzung nicht aus den Augen verlieren. Auch wenn der gezielte Einsatz von Direktiven durchaus angemessen und sinnvoll sein kann, ist bei der Induktion von Trance die Nutzung der permissiven (erlaubenden) Sprache vorzuziehen. Entspannung zu suggerieren, ist nicht zwingend notwendig, jedoch insofern hilfreich, als dass es die Körpersignale dämpft und dem Klienten besser ermöglicht, seine Aufmerksamkeit auf die inneren Vorgänge zu lenken. Unbedingt zu beachten ist, dass die Uhren im Zustand der Trance wesentlich langsamer gehen und sich auch das Lautstärkeempfinden deutlich verändert. Praktisch bedeutet dies, in reduzierter Lautstärke und reduziertem Tempo zu sprechen und zwischen Worten und/oder Sätzen angemessene Pausen zu lassen, um Räume für Assoziationen zu schaffen – damit sich das, was kommen möchte auch entfalten kann.

C. Mahr, *Ressourcenaktivierung mit Hypnotherapie,* essentials,
DOI 10.1007/978-3-658-08729-6_7

Die Absätze und Pausen (–) in den folgenden Trance-Texten sollen Sie als Anwender unterstützen, das Sprechtempo drastisch zu reduzieren. Der *Zuhörende* (Hypnotisand) benötigt die Pausen, damit sich die angeregten Visualisierungen und Assoziationen aufbauen und entwickeln können. Durch die Reduzierung des Sprechtempos verliert sich auch etwas der Charakter des Vorlesens.

Es gibt keine festen Regeln bezüglich spezifischer Tranceinduktionen und jeder Anwender von Hypnose sollte sich seines persönlich bevorzugten Stils in Bezug auf Sprache, Einleitung, Nutzung und auch der Anrede bedienen. Die folgenden Trance-Texte sind entweder in der Sie-Form oder der Du-Form geschrieben. Zuweilen kann es sinnvoll oder sogar notwendig sein, wie beispielsweise bei Kindheitserleben, der Du-Form als Anrede den Vorzug zu geben.

Was das Ablaufgeschehen einer hypnotischen Trance betrifft, so orientiert sich dieses jedoch an bestimmten weitgehend festgelegten Rahmenbedingungen, dem sogenannten Hypnose-Setting:

1. **Zunächst gilt es eine förderliche Umgebung zu schaffen,** die vom Klienten als sicher und angenehm wahrgenommen werden kann. Mögliche Geräusche (Telefonanrufe, Straßenverkehr etc.) sind auf ein Mindestmaß zu reduzieren. Man sollte für bequeme Stühle oder Sessel sorgen, die durch feste Armlehnen zusätzlichen Schutz gewähren. Üblicherweise wird im Sitzen gearbeitet, jedoch können besondere Umstände (Behinderungen, körperliche Beschwerden oder schwere Krankheiten) es erforderlich machen, dass der Klient eine liegende Position einnimmt.
2. **Die Aufmerksamkeit von außen nach innen lenken.** Dazu empfiehlt es sich, zunächst die Dinge anzusprechen, die bewusst mit den Sinnen (Sehen, Hören, Fühlen) wahrnehmbar sind, um dann nach und nach die Aufmerksamkeit auf die inneren Vorgänge zu lenken.
3. **Tranceerleben unterstützen** (ggf. vertiefen) **und nutzen.** Das Tranceerleben, bei dem die bewussten Prozesse mehr oder weniger außer Kraft gesetzt sind, wird auf jeden Fall durch vermittelte und verbalisierte Ruhe und Sicherheit unterstützt. Je nach Zielsetzung wird in dieser zentralen Phase mit verschiedenen Elementen gearbeitet – dazu gehören u. a. Metaphern und Geschichten, sog. Truismen (überprüfbare Wahrheiten), Wecken von Neugier, Prozessinstruktionen, Aufgaben an das Unbewusste, posthypnotische Suggestionen und auch der Austausch von Ideen und Inhalten, welche es erforderlich machen, dass der Klient in Trance oder kurzen Wachphasen spricht.
4. **Die Reorientierung** auch Dehypnotisierung genannt, ist der Abschluss der hypnotischen Trance. Das Zurückholen aus den inneren Erlebniswelten mit Orientierung auf die Gegenwart und Außenwahrnehmung lässt sich permissiv

(erlaubend) oder direktiv gestalten. Mein persönlich bevorzugtes Vorgehen ist die Atmung anzusprechen und diese mit dem Erleben zu verbinden, dass sich mit jedem Atemzug die Wahrnehmung stetig auf das Äußere hin orientiert, um sich letztlich nach dem Öffnen der Augen wieder ganz im *Hier und Jetzt* einzufinden.

7.1 Geschichten und Metaphern

Was für Siegmund Freud der Traum und seine Deutung, war für Milton Erickson das Erzählen von Geschichten – beides Königswege zum Unbewussten. Während es dem Einen um das Deuten und Verstehen von Zusammenhängen ging, hatte der Andere seinen Fokus auf das Aktivieren von Ressourcen und Lösungen gerichtet. So wurden Geschichten und Metaphern, die eine Bereicherung für alle gängigen Therapieformen sind, zu einem festen Bestandteil moderner Hypnotherapie.

Geschichten und Metaphern haben viele Bedeutungsebenen und vermitteln unaufdringlich Botschaften und Weisheiten. Lebendig erzählt, verliert sich jeglicher Charakter einer Belehrung, denn Menschen lassen sich ungern etwas sagen, jedoch gerne etwas erzählen. Auf sehr elegante Art und Weise werden mögliche Widerstände des Bewusstseins umgangen und Lern- und Entwicklungsprozesse angeregt. Während der bewusste Verstand rational-analytisch arbeitet, ist die Sprache des Unbewussten die der Metaphern, Mythen und Märchen. Sie zielen also insbesondere auf die unbewussten Prozesse und regen Ideen und Lösungsmöglichkeiten für Probleme an, die auf bewusster Ebene erlebt werden, jedoch dort bisher nicht gelöst werden konnten.

Ein Charakteristikum vieler Störungen ist die einseitige Ausrichtung des Denkens und Handelns. Das problemassoziierte Erleben reagiert rigide mit mangelnder Flexibilität auf die Umstände und Ereignisse des Lebens. Geschichten und Metaphern haben das Potenzial einseitige Sichtweisen aufzuheben und helfen so Menschen, ihre Wahl- und Ausdrucksmöglichkeiten zu erweitern.

Wenn Menschen Geschichten hören, gibt es eine starke Tendenz sich mit den darin enthaltenen Figuren zu identifizieren. Dies geschieht imaginär, spielerisch und wird typischerweise auch als nicht bedrohlich erlebt, da man sich jederzeit angemessen von den Inhalten distanzieren kann. Es gibt Geschichten deren Bedeutung ganz offensichtlich ist und die darin enthaltenen Wahrheiten können erkannt und übernommen werden. Bei vielen Geschichten jedoch, ist die Bedeutung weniger offenkundig und der Hörende kommt zu seinen ganz eigenen Erkenntnissen, die oftmals mit Zeitverzögerung aus dem Unbewussten emporsteigen. Das Suchen nach Ressourcen, wie auch die Lösung des Problems wird dem Unbewussten überlassen, dessen Möglichkeiten reicher sind, als die des rationalen Denkens.

Hier ein Beispiel für eine Geschichte, dessen Bedeutung weniger offensichtlich ist:

> Ein Mann stöberte in einem Antiquitätenladen in der Nähe von Mount Vernon und stieß auf eine ziemlich alt aussehende Axt.
> „Das ist eine sehr alte Axt, die sie da haben",
> sagte er zu dem Ladenbesitzer.
> „Ja", antwortete der Mann, „sie gehörte einst George Washington."
> „Tatsächlich?" sagte der Kunde. „Dafür ist sie aber wirklich gut erhalten."
> „Natürlich", sagte der Antiquitätenhändler, „sie hat ja auch dreimal einen neuen Stiel und zweimal einen neuen Kopf bekommen.

Ganz gleich, ob die in den Geschichten enthaltenen Wahrheiten offensichtlich oder weniger offensichtlich sind, vollzieht der Mensch die Bedeutungsgebung selbst. Nicht nur, dass sich so der Charakter von Belehrung und Ratschlag verliert, es geht hierbei auch und vor allem um Selbsterkenntnis und Eigenerfahrung.

Tatsachen, die Schamanen, Propheten, Weisheitslehrer und Philosophen seit jeher dazu bewegten, Geschichten und Metaphern als Mittel zur Lehre und Veränderung von Vorstellungen, Ideen und Lebenseinstellungen einzusetzen. Auch wurden seit jeher mit Hilfe von Geschichten, wichtige kulturelle, gesellschaftliche und moralische Informationen von einer Generation zur Nächsten weitergegeben.

Ein weiterer Vorteil von Geschichten und Metaphern ist, dass sie in der Regel gut erinnert werden und einen Bogen durch die Zeit spannen. Aus der Vergangenheit kommend, lenken sie die Aufmerksamkeit auf zukünftige Möglichkeiten und werden so zum Geburtshelfer für neue innere Wirklichkeiten der Betreffenden.

Die Metapher steht als eine Art Oberbegriff für jeglichen Sprachgebrauch, die das Wesentliche einer Sache mit anderen Begriffen beschreibt. Metaphern können sich in einem einzigen Wort ausdrücken, den Umfang eines Sprichwortes haben („Man muss auch zwischen den Zeilen lesen" oder „Man soll das Eisen schmieden, solange es heiß ist") oder auch ein Märchen oder eine Geschichte sein. Ab einer gewissen Länge werden jedoch, obwohl es sich streng genommen immer noch um eine Metapher handelt, die Begriffe *Märchen* oder *Geschichte* gewählt. Mit diesen werden längere und umfassendere Erzählungen mit detaillierteren Beschreibungen assoziiert.

Hinsichtlich der Anwendung von Hypnose, können Metaphern verschiedene Funktionen erfüllen. Sie können dazu benutzt werden eine Trance einzuleiten oder zu vertiefen oder sie können, wie bereits oben beschrieben, Lösungen anregen, Ressourcen aktivieren, Lern- und Entwicklungsprozesse voranbringen und die Flexibilität in der Bedeutungsgebung von Ereignissen und Sachverhalten erhöhen.

Wer mit Metaphern arbeitet, hat die Möglichkeit, auf den reichen Fundus von bereits existierenden Geschichten, Märchen, Fabeln, Redewendungen zurückzugreifen, Geschichten zu erzählen, die einem selbst wiederfahren sind oder eine Metapher ganz gezielt zu konstruieren.

Als Erickson im März 1978 gefragt wurde was er unter Psychotherapie versteht, gab er folgende Antwort:

> Eines Tages kam ich aus der Schule, als ein durchgegangenes Pferd mit schleifendem Zügel an uns vorbei – und in einen Bauernhof hineingaloppierte. Es suchte Wasser zum Trinken und schwitzte stark. Der Bauer kannte es nicht, deshalb trieben wir es in eine Ecke. Ich schwang mich auf seinen Rücken… da es noch aufgezäumt war, nahm ich die Zügel und rief: ‚Hüh'… dann ritt ich zur Straße. Ich wusste, das Pferd würde die richtige Richtung einschlagen… ich wusste ja nicht, was die richtige Richtung war. Das Pferd trottete und trabte die Straße entlang. Dann und wann vergaß es, dass es auf der Straße war, und wollte ins Feld laufen. Also zog ich am Zügel und machte es so darauf aufmerksam, dass es auf der Straße zu bleiben hätte. Etwa vier Meilen von dem Ort entfernt, wo ich aufgesessen war, lief es in einen Bauernhof, und der Bauer sagte; ‚Aha, so kommt der Kerl also zurück. Wo hast du ihn gefunden?'
> Ich sagte: ‚Etwa vier Meilen von hier.'
> ‚Woher wusstest du, dass er hierher gehört?'
> Ich sagte: ‚Ich wusste es nicht… das Pferd wusste es.
> Ich habe einfach nur seine Aufmerksamkeit auf die Straße gelenkt.'
> … ich denke, so macht man Psychotherapie.

Diese Geschichte ist zugleich eine wunderbare Metapher für Psychotherapie, als auch für die Wechselbeziehungen zwischen dem bewussten Verstand (Reiter) und dem Unbewussten (Pferd).

7.2 Trance-Text

Die folgende Trance bedient sich verschiedener Metaphern sowohl zur Unterstützung und Vertiefung der Trance als auch zur Aktivierung von Ressourcen. Eine der verwendeten Metaphern zielt darauf ab, die Bedeutung und Notwendigkeit von Grenzen zu betonen. Weiterhin finden sich in dieser Trance Truismen und eine Geschichte, die unter der Überschrift steht: *Erhöhung der Flexibilität in der Bedeutungsgebung von Ereignissen, durch Reduzierung von einseitigen und starren Sichtweisen.*

Entsprechend der jeweiligen Zielsetzung der hypnotischen Trance, lässt sich die Geschichte selbstverständlich durch jede andere beliebig ersetzen.

Der Fluss der Zeit

Ich möchte dich zunächst bitten es dir bequem zu machen – und ganz in Ruhe die richtige Position zu finden. – Viele Menschen berichten, dass es sinnvoll ist, – beide Füße parallel auf den Boden zu stellen. – Deine Augen sollten jedoch noch für eine kurze Weile geöffnet bleiben, – um wahrzunehmen, was da ist.

Denn hier im Außen gibt es die verschiedensten Dinge zu sehen, – Geräusche zu hören – und Empfindungen zu fühlen.

Da wäre zum Beispiel dein Stuhl, der dir durch seine Rückenlehne – und seine Armlehnen zur Linken und zur Rechten, – Halt und Sicherheit vermitteln kann – und an den du in deinem Tempo all das Gewicht deines Körpers abgeben kannst, – genau so, wie es sich für dich gut anfühlt.

Und da ist auch der Atem, – den wir beobachten können – und der es uns ermöglicht – mit jedem Einatmen mehr und mehr Ruhe aufzunehmen, – während du nahezu gleichzeitig, – mit jedem Ausatmen, alles loslassen kannst, was du jetzt nicht mehr brauchst.

Und falls nicht bereits geschehen, kannst du dich durch das Schließen deiner Augen, – für eine Zeit der inneren Begegnung von deiner Außenwelt verabschieden – und in eine angenehme Tiefe hineingleiten, – eine Tiefe, die hilft, – Erfahrungen zu beleben, die jenseits sind von allen Worten und Bildern.

Und da ist meine Stimme, die dich begleiten wird – wie das Rauschen eines Baches, – und auf dem meine Worte, wie treibende Blätter – auf deinen Hörbahnen, ihren Weg nach innen finden.

Jeder Mensch, hat irgendwann in seinem Leben schon einmal Entspannung erlebt. – So wie ein jeder den Moment kennt, – wo das Wachsein verlassen wird, – kurz bevor man in den Schlaf gleitet. – Auch weiß jeder wie es ist, einen steten Gedankenfluss zu haben.

Und sollten hier und da noch Gedanken auftauchen, – dann kannst du diese vorüberziehen lassen, – wie kleine Wolken an einem blauen Sommerhimmel.

Was auch immer für ein Erleben du gerade hast – oder in dir noch auftauchen wird – ganz gleich was du siehst, – was du hörst – oder welche Gefühle du spürst, – es sind deine Wahrnehmungen, – die es dir ermöglichen, Erlebnisse und Erfahrungen mit Bedeutungen zu versehen.

Vielleicht gleitest du auch noch weiter nach innen – und erlebst wie es ist, – mehr und mehr loszulassen. – So wie ein Blatt, das seinen Halt am Baum loslässt – und sanft hinunter treibt zu diesem Ort an dem es ausruhen kann.

Zuweilen geschieht es in solchen Momenten, – dass Gewissheiten auftauchen, – die helfen, etwas zu vollenden, was vor langer Zeit begonnen hat.

Und während du weiterhin hier an diesem sicheren Ort bist – und meine Stimme hören kannst, – entdeckst du vielleicht, dass du mir nicht zuhören brauchst, – weil dein Unbewusstes zuhören kann, – während du an den Plätzen verweilst, die für dich gerade jetzt von Bedeutung sind.

Das weiter Voranschreiten auf der Reise nach innen, – lässt manche Menschen die Vorstellung erleben, – dass hinter den geschlossenen Augen ihre Augenlider noch einmal zufallen.

Und so kann es auch sein, – dass ein Mensch genau in diesen Momenten erkennt, – dass alles so sein musste, wie es geschah, – und dadurch Veränderung möglich wurde. – So, wie auch die Pflanze ihren Wurzeln vertraut, – die tief unten im Dunkeln die Nahrung finden – die sie braucht – um Wachstum geschehen zu lassen.

Die Reise durch den Fluss der Zeit – beginnt zunächst mit einer noch jungen Quelle. – Doch mit der Zeit wird der Regen und der Schmelz ihr Nahrung, – auf dem steten Weg ein Fluss zu werden.

Ein Fluss kann auf den ersten Blick den Eindruck erwecken, – dass er zwei Ufer voneinander trennt, – jedoch machen ihn eben erst diese zwei scheinbar voneinander getrennten Seiten zu dem, was er ist. – Der Fluss ist im Fluss und im Einklang – weil er vereint was ihn umgibt.

Du kannst aus der Zeit einen Fluss machen, – auf dessen Bank du dich setzen kannst – um von dort aus ihren Lauf zu betrachten, – und um mit deinen Ohren zu hören, was dein Herz schon weiß.

Es war einmal ein Bauer, der in seiner Dorfgemeinschaft sehr gut gestellt war. – Er war der Einzige, der ein Pferd besaß, – welches ihm bei der Feldarbeit half – und auch seine Lasten trug. – Eines Tages lief sein Pferd davon. – All seine Nachbarn drückten ihr Bedauern aus und sagten, wie schrecklich das sei, – aber der Bauer meinte nur „Wer weiß wozu das gut ist“. – Wenige Tage später kehrte das Pferd zurück, mit zwei Wildpferden im Gefolge. – Die Dorfbewohner freuten sich alle über sein Glück und diese Schicksalswendung, – aber der Bauer sagte nur ein weiteres Mal: „Wer weiß wozu das gut ist“. – Am nächsten Tag versuchte der Sohn des Bauern eines der Wildpferde zuzureiten; – das Pferd warf ihn ab und er brach sich ein Bein. – Die ganze Dorfgemeinschaft übermittelte dem Bauern ihr Mitgefühl für dieses Missgeschick, – aber dieser erwiderte nur: „Wer weiß wozu das gut ist“. – Eine Woche später kamen Rekrutierungsoffiziere ins Dorf. – Ein Krieg war ausgebrochen, und sie holten alle jungen Männer des Dorfes zur Armee. – Den Sohn des Bauern wollten sie nicht, weil sein Bein gebrochen war. – Als die Nachbarn ihm sagten, was für ein Glück er habe, antwortete der Bauer…

Es beginnt jetzt eine Phase des Schweigens.

Geben Sie Ihrem Klienten ein angemessenes Zeitfenster von vielleicht 3–5 min zur autonomen Trancearbeit. In der Mitte des Zeitfensters ließe sich beispielsweise noch folgende Suggestion geben:

Du kannst dir die Zeit lassen, die du brauchst, – um jenen Zustand zu erschaffen, – der dir hilft, über das Vergangene hinauszugehen, – damit es dich befreit, von dem, – was dich verbunden hält, mit dem, was loszulassen ist.

Dein Unbewusstes kann in der nächsten Zeit, wie von selbst – das, was ansteht vollenden und integrieren, – während du, so wie immer, deinen täglichen Aufgaben nachgehst.

Und so möchte ich dich bitten, erneut deine Atmung zu beobachten – um dann mit jedem Atemzug, langsam aber stetig deine Aufmerksamkeit wieder nach außen zu richten – um dann, den für dich richtigen Zeitpunkt zu finden und deine Augen wieder zu öffnen.

8 Ressourcentransfer

Der Transfer von Ressourcen durch die Zeit, von einem Kontext in einen anderen, ist ein wichtiger Baustein hypnotherapeutischer Interventionen. Um die Möglichkeiten angestrebter Veränderungen optimal zu verwirklichen, sollten solche Vorgehensweisen zum Standardrepertoire eines jeden Therapeuten gehören.

Die folgenden Methoden *Moment of Excellence* und *Reise zur Erinnerung* sind strukturierte Handlungsanleitungen für einen Ressourcentransfer und können selbstverständlich nach Bedarf modifiziert und mit anderen Vorgehensweisen kombiniert werden.

Die im NLP gebräuchliche Methode *Moment of Excellence* und andere ressourcenaktivierende Methoden bedienen sich der Technik des Ankerns bzw. Verankerns. Diese Technik, die auch ihren Ursprung in der Hypnose hat, ermöglicht aktivierte Zustände (z. B. Ressourcen) zu einem späteren Zeitpunkt gezielt abzurufen. Den theoretischen Hintergrund hierfür liefert das Lernprinzip der klassischen Konditionierung – das Herstellen einer in diesem Fall nützlichen Reiz-Reaktions-Verbindung.

Jeder von uns kennt solche Reiz-Reaktions-Verbindungen bzw. Anker, die gleichermaßen erwünschte wie unerwünschte emotionale Reaktionen hervorrufen können. Wir hören im Radio ein bestimmtes Musikstück und erinnern uns vielleicht an einen Menschen mit dem wir eine besonders schöne Zeit hatten. Genauso gut können die verschiedensten Reize in unserer Umgebung eine unangenehme Reaktion in uns wachrufen – der Prototyp einer solchen als nicht angenehm erlebten Reaktion, ist die Phobie.

Die Befähigung, von einem Moment zum anderen spezifische Ressourcen zur Verfügung zu haben, ist für jeden Menschen etwas sehr Erstrebenwertes. Gezielt

C. Mahr, *Ressourcenaktivierung mit Hypnotherapie,* essentials,
DOI 10.1007/978-3-658-08729-6_8

seine inneren Kraftquellen anzuzapfen und nutzbar zu machen, kann eine Erleichterung für viele Situationen des täglichen Lebens sein. Dazu gehören beispielsweise Zahnarztbesuche, Auseinandersetzungen, Gespräche mit Vorgesetzten, das Sprechen vor Menschengruppen, wie auch Momente von Professionalität, wo es darum geht Höchstleistungen abzurufen. Viele Spitzenleute im Bereich von Politik, Wirtschaft, Sport und Kunst nutzen die Möglichkeiten des gezielten Aktivierens von Ressourcen. Selbstverständlich ist es auch im therapeutischen Kontext ausgesprochen nützlich, wenn sich ein Klient eigenverantwortlich aus einem als unangenehm erlebten Zustand herausbringen kann.

Ein anderer Moment mit dem die meisten von uns immer mal wieder in Kontakt kommen, ist der, wenn unser verletztes inneres Kind die Führung übernimmt und wir Emotionen zeigen, die der Situation nicht angemessen sind. Dies geschieht mit Vorzug in unseren intimen Beziehungen, wenn der Andere, meist unwillentlich durch sein Tun (Reiz) in uns eine zumeist kindliche Erfahrung, in der einst Gefühle verletzt wurden, reaktiviert. Wenn es uns gelingt, in einem solchen Moment geistesgegenwärtig zu bleiben und gezielt mit Hilfe eines Ankers einen guten Zustand zu wahren, dann haben wir etwas erreicht, auf das wir mit Recht stolz sein dürfen. Ganz im Sinne des existentialistischen Psychologen Rolo May, der es so formulierte: „Wirkliche Freiheit besteht in der Fähigkeit zwischen Reiz und Reaktion einen Moment inne zu halten und die Reaktion selbst zu bestimmen."

In der Hypnotherapie und dem NLP bedient man sich typischerweise Berührungen und Bewegungen, jedoch können ebenso beliebige Gegenstände wie Steine, kleine Figuren, Schlüsselanhänger etc. zu einem Anker werden.

Um einen solchen Ressource-Anker zu installieren – die Berührung oder den Gegenstand mit den Ressourcen neuronal zu verknüpfen – sollten möglichst alle an der Erfahrung beteiligten Sinne (Sehen, Hören, Fühlen, Riechen, Schmecken) mit einbezogen werden. Wichtig ist auch, dass der Anker in dem Moment der stärksten gefühlsmäßigen Beteiligung gesetzt wird. Reiz-Reaktionsverbindungen entstehen entweder durch Wiederholungen oder – und das ist viel wichtiger, in einem einzigen Moment, wenn die emotionale Beteiligung entsprechend stark ist.

8.1 Methode *Moment of Exellence*

1. **Aufklärungsgespräch**
   Klären Sie Ihren Klienten auf, dass es sich bei dem Folgenden um eine Imaginationsübung handelt, etwas, das in der Vorstellung stattfindet. Dieser Prozess ist dahingehend angelegt, ihm zu mehr Autonomie und Selbstbestimmung zu verhelfen, indem er sich in spezifischen Lebenssituationen Ressourcen zuführen kann. Ein vergangener, sehr kraftvoller Moment wird imaginiert und durch das

Installieren eines Ankers werden die in der Erfahrung enthaltenen Ressourcen mit dem Anker neuronal verknüpft und so dauerhaft verfügbar gemacht. Beim späteren gezielten Auslösen des Ankers werden die in ihm gespeicherten Erfahrungen mobilisiert und die darin enthaltenen Ressourcen aktiviert.

2. **Aufspüren einer Ressource-Situation**
   Beim Aufspüren einer besonders ressourcevollen Erfahrung Ihres Klienten bieten sich bei dieser Methode des Ressourcentransfers zwei Möglichkeiten an:
   1. Möglichkeit: Erkundigen Sie sich, ob es eine spezifische Situation gibt, in der Ihr Klient eine ganz bestimmte Ressource gern zur Verfügung hätte (z. B. beim Sprechen vor Menschengruppen – Selbstvertrauen). Fragen Sie weiterhin, in welchem Moment seines Lebens er besonders viel Selbstvertrauen hatte oder aber welcher vergangene Moment Qualitäten hatte, die z. B. beim Sprechen vor Menschengruppen hilfreich wären.
   2. Möglichkeit: Fragen Sie einfach ganz direkt nach einem besonders ressourcevollen Moment aus dem Leben Ihres Klienten.

Lassen Sie sich diesen Moment detailliert schildern. Je mehr Informationen Sie haben, desto besser können Sie Ihren Klienten ins Erleben führen. Mit der nötigen Erfahrung kann man Menschen jedoch auch völlig inhaltsfrei (ohne Informationen zu haben) tief ins Erleben führen. Einen möglichen Text hierfür finden Sie kursiv-bei Schritt 4.

3. **Neutrale Ankerstelle auswählen**
   Leiten Sie Ihren Klienten an, eine neutrale und leicht zugängliche Stelle an seiner linken oder rechten Hand auszuwählen. Diese Stelle soll dann auf dem Höhepunkt des gefühlsmäßigen Erlebens des ausgesuchten Moments, durch einen (leichten) Druck eines Fingers der anderen Hand, als Anker installiert werden. Diese Bewegungskoordination sollte mehrfach durchgeführt werden, damit später, im Zustand der Trance, der Bewegungsablauf wie automatisiert erfolgen kann.

4. **Angeleitete Imagination (Hypnose) und Verankerung**
   Führen Sie Ihren Klienten unter Berücksichtigung möglichst aller Sinne in das Erleben der ausgesuchten Situation. Unterstützen Sie ihn mit der nötigen Ruhe und einem angemessenen Tempo, die Qualitäten in den einzelnen Sinnesmodalitäten (Sehen, Hören, Fühlen, Riechen, Schmecken) zu erleben.
   Geben Sie die für die jeweiligen Suchprozesse benötigten Pausen (–) und bedenken Sie, dass die Uhren im Zustand der Trance wesentlich langsamer laufen.

Ich möchte Sie zunächst bitten Ihre Augen zu schließen – um sich dann ganz auf Ihre Art an diesen besonderen Moment in Ihrem Leben zu erinnern. – Was auch immer Sie gerade wahrnehmen, – wissen Sie selbst genau am besten – inwieweit andere Personen oder Lebewesen zu dieser Erfahrung dazu gehören. – Betrachten Sie alles und entdecken Sie, was immer es zu entdecken gibt. – Ganz gleich, ob drinnen oder draußen, – spielt vielleicht auch das Wetter eine Rolle. – Manchmal entdeckt man in einem solchen Moment Details, – die vielleicht bisher noch nicht wahrgenommen wurden – oder aber, dass sich bestimmte Farben irgendwie hervorheben. –
Und was auch immer für Klänge, Geräusche oder Stimmen in Ihrem Erleben eine Bedeutung haben, – Sie können sie wahrnehmen. – So ist es zuweilen auch möglich, Töne zu vernehmen, – denen man bisher noch keine Aufmerksamkeit geschenkt hatte. –
Und während ich nicht weiß, was Sie gerade alles sehen und hören, – ist es möglich, dass vielleicht ein Geruch oder Geschmack zu diesem Moment dazu gehört. – Es ist Ihr Erleben, dass nur Sie, so wie es sich gerade gestaltet, mit all seinen Einzelheiten, wahrnehmen können. –
Und während Sie vielleicht immer tiefer in das Erleben dieses besonderen Moments eintauchen, – kann sich das dazugehörige Gefühl mehr und mehr ausbreiten. – Vielleicht finden Sie auch einen Weg, dieses Gefühl noch zu intensivieren – um sich dann vollkommen davon erfüllen zu lassen. – Ja, genau so. – Vollkommen davon erfüllen lassen. –
Jetzt, in diesem Moment, möchte ich Sie bitten, so wie vorhin eingeübt, sich den Anker zu setzen.

Auf dem Höhepunkt des gefühlsmäßigen Erlebens soll sich der Klient, mittels Ihrer Aufforderung, den **Anker setzen!**

5. **Reorientierung**
   Geben Sie Ihrem Klienten noch ein wenig Zeit zum Nachspüren und leiten Sie ihn dann an wieder ganz ins *Hier und Jetzt* zurückzukommen.

6. **Antizipation**
   Die abschließende Antizipation (Vorwegnahme eines zukünftigen Erlebens) soll sicherstellen, dass der Bogen von der Vergangenheit in die Zukunft gespannt wird, wo es dann darauf ankommt, sich seiner Ressourcen zu bedienen.
   Leiten Sie Ihren Klienten an, sich eine zukünftige Situation vorzustellen, in der die soeben verankerte Ressource benötigt wird. Der Körper sollte dabei die Position einnehmen, die zu dieser Situation gehört (stehend, sitzend, liegend) und auch die Augen sollten entsprechend geöffnet oder geschlossen sein. Nun

gilt es für den Klienten, durch betätigen des Ankers zu erleben, wie die benötigten Ressourcen in diesem imaginierten zukünftigen Moment aktiviert werden. Dieser Vorgang sollte mehrfach wiederholt werden, mit weiteren möglichen zukünftigen Situationen.

Man kann diese Übung beliebig oft wiederholen, denn wie bereits erwähnt, lernen wir durch Wiederholungen. Nach Bedarf können ähnliche oder andere ressourcevolle Momente auf derselben Stelle verankert werden. Diesen Vorgang nennt man dann Anker stapeln.

8.2 Methode *Reise zur Erinnerung*

1. **Tranceinduktion**
   Die Aufmerksamkeit von außen nach innen lenken, analog zur Beispiel-Trance – *Der Fluss der Zeit.*

2. **Reise zu einer Erinnerung**
   Führen Sie mehrere Truismen (überprüfbare Wahrheiten) über Erinnerungen ein, wie:
   - *Jeder Mensch kann sich an bestimmte Erfahrungen erinnern.*
   - *Manche Erinnerungen sind wesentlicher.*
   - *Einige Erinnerungen tauchen öfter auf als andere.*
   - *Es gibt Erinnerungen, die besonders wertvoll sind.*

   So kannst auch du dich an eine bestimmte, sehr freudvolle Erfahrung erinnern. – Wenn du eine solche, ganz konkrete Situation vor Augen hast, – möchte ich dich bitten mir dies durch ein Kopfnicken zu signalisieren.

3. **Auskunft über die freudvolle Erfahrung**
   In Trance zu sprechen, ist für viele Menschen sehr mühsam. Von daher ließe sich vorsorglich folgende Suggestion geben:
   Während deine Augen weiterhin geschlossen bleiben, kannst du ganz normal sprechen und auch dein Zustand bleibt unverändert.
   Lassen Sie sich die erinnerte Erfahrung mit möglichst vielen Details schildern. Fragen Sie ruhig nach, wenn Sie glauben, dadurch noch mehr ressourcevolle Einzelheiten zu erfahren.

4. **Identifizierung und Zusammenfassung von Ressourcen**
   Identifizieren Sie die in der Erfahrung enthaltenen Ressourcen und fassen Sie diese zusammen.

Beispielsweise könnte der Klient von einer Erfahrung berichten, wo er zusammen mit einer Freundin kochen wollte. Schon beim gemeinsamen Einkaufen der Zutaten hatten sie viel Freude. Das geplante Gericht misslang gehörig, so dass man letztlich, ohne den Humor zu verlieren, mit einer Dose Ravioli vorlieb nahm.

Ich kann in dieser Erfahrung Freude, Spaß und Humor entdecken, – das Finden kreativer Lösungen und die Fähigkeit, über Misslungenes lachen zu können. – Und vielleicht gehören auch noch ganz andere Qualitäten dazu, – die dieses Erlebnis zu etwas Besonderem machen. – Bleibe noch ein wenig in dieser Erfahrung – und erlebe all das Positive und Schöne dieses Moments. – Tauche vollkommen ein in dieses Erleben – und nimm wahr, – was es alles zu sehen, – zu hören – und zu fühlen gibt. – Vielleicht lässt sich auch eine Stelle an deinem Körper ausmachen, – wo du die Qualitäten dieser Erfahrung wahrnehmen kannst? – Wenn dem so ist, – möchte ich dich bitten, eine deiner Hände auf diese Stelle zu legen.

5. **Orientierung auf die Zukunft**

Orientieren Sie Ihren Klienten auf eine spezifische zukünftige Situation, wo er diese Ressourcen gebrauchen könnte und auch auf die Zukunft ganz allgemein.

Vielleicht lässt sich irgendeine zukünftige Situation ausmachen, wo du...,...,.... (Ressourcen) *gerne zur Verfügung hättest. – Wenn es eine solche Situation gibt, – möchte ich dich erneut bitten, mir dies durch ein Kopfnicken zu signalisieren. –*

Vielleicht möchtest du aber auch ganz allgemein, – diese Qualitäten in der Zukunft zur Verfügung haben. –

6. **Ressourcentransfer**

Unterstützen Sie ihren Klienten dabei, die gefundenen Ressourcen in die Zukunft zu transferieren. Bevor dies geschieht, geht es jedoch nochmal einen Schritt zurück, hinein in die freudvolle Erfahrung, um von dort aus die Ressourcen in die Zukunft zu tragen.

Bitte gehe noch einmal zurück in... (freudvolle Erfahrung) *und erlebe ein weiteres Mal...,...,...* (Ressourcen) *– und all die anderen Qualitäten, – die zu diesem Moment dazugehören. – Erlebe all das Positive und Schöne dieses Moments. – Tauche noch einmal vollkommen ein in diese Erfahrung – und nimm wahr, – was es alles zu sehen, – zu hören – und zu fühlen gibt.*

Jetzt nimm dir die Zeit, die du brauchst – und bereise ganz auf deine Art die Zukunft, – eine Zukunft in der deine Qualitäten sich ausdehnen, hineinstrahlen. – Wie auch immer du dies vollziehst, ist es richtig. – Erlebe

dich in dieser einen ganz spezifischen Situation, – wie auch in weiteren ganz verschiedenen zukünftigen Situationen. – Situationen, in denen dir …, …, …, (Ressourcen) *zur Verfügung stehen. –*
Jetzt beginnt eine Phase des Schweigens, – in der du vollkommen selbstständig, – verschiedene zukünftige Situationen bereisen kannst – um dich dort mit deinen Qualitäten zu erleben.

Geben Sie Ihrem Klienten einen angemessenen Zeitraum von vielleicht 3–5 min.

7. **Integration**
   Beenden Sie den Vorgang des Ressourcentransfers mit einer auf die Zukunft ausgerichteten Suggestion.
   Ganz gleich, welche zukünftigen Situationen auf dich warten, – ob dies schöne oder weniger schöne Momente sein werden. – Alle werden von der Gewissheit begleitet sein, dass dir …, …, … (Ressourcen) *jederzeit, in angemessener Weise zur Verfügung stehen.*

8. **Reorientierung**

9 Das Erkunden von Ausnahmen

Ein sehr wirksames Vorgehen zur Aktivierung von Ressourcen ist das Erkunden von Ausnahmen bezüglich eines vom Klienten beklagten Sachverhalts. Ausnahmen sind zumeist erst kurz zurückliegende Zeiträume, in denen das Problem nicht vorhanden war oder zumindest weniger stark auftrat. Das Erkunden von Ausnahmen ist eine Methode, die insbesondere im Rahmen der Lösungsorientierten Kurztherapie (LKT) erprobt und kultiviert wurde.

Die LKT wurde von dem amerikanischen Soziologieprofessor und Psychotherapeuten Steve de Shazer (1940–2005) in Zusammenarbeit mit seiner Frau, der amerikanischen Psychotherapeutin Insoo Kim Berg (1934–2007) entwickelt und erstmals 1982 vorgestellt. Das Ehepaar gründete 1978 in Milwaukee/Wisconsin gemeinsam mit ein paar Mitstreitern das Brief Family Therapy Center (BFTC), an dem sich die Entwicklungsarbeit dieses systemischen Therapieansatzes vollzog. Inspiriert wurden sie von Forschungsergebnissen des Mental Research Institute (MRI) in Palo Alto, deren Begründer Virginia Satir, Don Jackson, Paul Watzlawick und Gregory Bateson zugleich auch die Gründungsväter und -mutter der Systemischen Therapiekonzepte waren.

Wesentliche Elemente der LKT entstammen der Kommunikationsforschung, den Sprachspielen Wittgensteins, der Systemtheorie, der Kybernetik und dem Konstruktivismus. In erster Linie basiert dieses Therapiemodell jedoch auf den Interventionsmustern Milton H. Ericksons, die Steve de Shazer eingehend studierte und sie folgend bewusst machte und zugleich strukturierte. Viele Grundannahmen, Prinzipien und Haltungen der LKT finden sich nahezu identisch in der Hypnotherapie und somit bleiben wir weiterhin auf den Spuren Milton Ericksons.

C. Mahr, *Ressourcenaktivierung mit Hypnotherapie,* essentials,
DOI 10.1007/978-3-658-08729-6_9

> Probleme sind ein wesentlicher, jedoch zweitrangiger Aspekt, gegenüber Lösungen, die immer an erster Stelle stehen. (Milton H. Erickson)

Das Suchen und Erkunden von Ausnahmen entwickelte sich aus der Beobachtung, dass Menschen, die therapeutische Hilfe in Anspruch nehmen, im Allgemeinen nicht durchgängig Probleme haben. Wenn jedoch assoziiertes Problemerleben vorliegt, dann wird dies zumeist verallgemeinert, so als würde es schon immer bestehen.

Die Ausnahmen eines Problems sind jene Momente, in denen kleine Veränderungen in der Stabilität eines Problemzustands auftreten. Im Gegensatz zu einer Vertiefung des Problemverständnisses wird das erkundet und genutzt was da ist. Die Frage lautet also: *Ist das Problem manchmal nicht da oder zumindest weniger schlimm?*

Ausnahmen sind frühere Erfahrungen im Leben der KlientIn, bei denen aus guten Gründen das Auftreten des Prob*lems* erwartet werden konnte, dies aber nicht auftrat (de Shazer, 1985).

Betroffenen wird durch das Erkunden von Ausnahmen geholfen, die Änderbarkeit von als statisch angenommenen Sachverhalten zu erkennen. Zumeist handelt es sich um relativ kurz zurückliegende Zeiträume, die vom Klienten als ressourcevoll erlebt wurden. Durch das assoziierte Problemerleben, fehlt ihm jedoch die Sicht darauf und die Möglichkeit eines autonomen Zugriffs auf diese Zeiträume. Das Erkunden von Ausnahmen nährt die Erkenntnis von Eigenverantwortlichkeit ebenso, wie auch das Gefühl, dass es wirklich möglich ist, eine befriedigendere Zukunft zu erreichen. Ganz im Sinne des Geistes Milton Ericksons glaubt die LKT daran, dass Veränderungsprozesse unvermeidbar sind und sich fortwährend ereignen.

9.1 Das Praxismodell der Lösungsorientierten Kurztherapie (LKT)

Das Praxismodell der Lösungsorientierten Kurztherapie fokussiert konsequent eine Zielverfolgung und Ressourcenaktivierung und lässt sich in vier Phasen unterteilen:

1. **Problembeschreibung**
2. **Lösungsorientierung/Zielformulierung**
3. **Erkunden von Ausnahmen**
4. **Skalierungsfragen**

Der Klient wird als der Experte für die Problemlösung angesehen, während der Therapeut der Experte in der Erforschung des Bezugsrahmens des Klienten ist. Auch wenn es hier in erster Linie um die Ressourcenaktivierung gehen soll, ist es für das Gesamtverständnis sinnvoll, das ganze Ablaufgeschehen mit seinen vier Phasen vor Augen geführt zu bekommen. Phase eins und zwei bereiten zunächst den Boden für das Erkunden von Ausnahmen – die eigentliche Ressourcenaktivierung.

1. **Problembeschreibung**
   Typischerweise kommt es zu Beginn eines Gesprächs zu einer Problembeschreibung. Menschen schildern Sachverhalte aus ihrem Leben, von denen sie sich wünschen, sie würden nicht geschehen. Über das Problem wurde immer und immer wieder nachgedacht und so können die Betroffenen zumeist sehr detaillierte Beschreibungen liefern von dem, was nicht mehr sein soll. Durch dieses Kreisen um das Unerwünschte herum, wird das Problem in gewisser Weise immer wieder von neuem erschaffen. Zunächst ist es vollkommen natürlich, verständlich und angemessen dem Problem den nötigen Raum zu geben. Auf Seiten des Therapeuten ist es für das Verständnis des Gesamtzusammenhangs eine Notwendigkeit, Informationen zu bekommen. Auch lässt sich dadurch besser abschätzen, wie gefährlich die beschriebene Situation für die Betroffenen ist. Der Klient kann durch seine Problemschilderung seine Frustrationen und Unzufriedenheit zum Ausdruck bringen, was typischerweise auch eine Entlastung mit sich bringt. Dies ist insbesondere dann der Fall, wenn die Sorgen zum ersten Mal berichtet werden können und sie wirklich *gehört* werden.
   Fragen auf Seiten des Therapeuten sollten auf keinen Fall tiefer in das Problemerleben führen, sondern nur dem Verständnis dienen, wie z. B.: *Inwiefern ist das für Sie ein Problem?* Die Fragen: *Was haben Sie bisher unternommen? (Hat es geholfen?)* zielen bereits in Richtung Eigeninitiative und Eigenverantwortlichkeit und somit eventuell auch schon in Richtung Ressourcen. Nach spätestens 15 min sollte die Problembeschreibung definitiv enden. Ein zu langes Verweilen im Problemzustand entmutigt die Betroffenen und leistet der Vorstellung einer Opferrolle Vorschub.

2. **Lösungsorientierung/Zielformulierung**
   Bevor wir zu den eigentlich anvisierten Ausnahmen kommen – dem Aktivieren der vorhandenen Ressourcen, erfolgt der Schritt vom Problem in Richtung Lösung. Eine sehr nützliche Frage, die den Klienten auf das Positive hin ausrichtet und eine feste zu erreichende Größe für die Sitzung oder den gesamten Prozess schafft, ist folgende:

Was sollte sich als Ergebnis unseres Treffens heute (unserer Treffen insgesamt) verändert haben, damit Sie sagen, es hat sich gelohnt, dass ich gekommen bin?

Als nächstes folgt eine Frage, die ein hervorstechendes Merkmal der LKT ist und die vielen Helfern, Beratern, Therapeuten und Coaches bekannt ist, ohne dass diese sich eingehender mit diesem Behandlungsansatz auseinandergesetzt haben. Es handelt sich dabei um die sog. Wunderfrage, die auch als ungewöhnlich und fremdartig, gleich einem Ritual eingeführt werden sollte.

Ich möchte Ihnen jetzt eine sehr ungewöhnliche Frage stellen.

Wunderfrage *Stellen Sie sich vor, Sie gehen heute Abend wie gewohnt schlafen. Doch während Sie schlafen, geschieht ein Wunder. Das Wunder besteht darin, dass das Problem, das Sie hierher geführt hat, gelöst ist. Allerdings wissen Sie nicht, dass das Wunder geschehen ist, da Sie ja geschlafen haben.*
Woran würden Sie morgen früh erkennen, dass ein Wunder geschehen ist und das Problem gelöst ist?

Um diese Frage zu beantworten, muss der Klient über seinen Schatten springen und einen drastischen Perspektivwechsel vollziehen. Das problemassoziierte Erleben wird verlassen und der Blick wird auf die Lösung ausgerichtet. Dies ist für den Betroffenen alles andere als leicht und so seien Sie darauf gefasst, dass der Klient nach Beantwortung der Wunderfrage wieder in die Problemsprache zurückfällt. Die Wunderfrage war nur die Eröffnungsfrage. Jetzt geht es darum, den Klienten mit gezielten Fragen im *Lösungsraum* zu halten.

Was werden Sie als Erstes bemerken, was anders ist? Was noch?
Wer wird es noch bemerken, wenn das Wunder geschehen ist?
Was wird sie/er bemerken, was an Ihnen anders ist? Was noch?
Wenn sie/er das bemerkt, was wird sie/er anders machen? Was noch?
Wenn sie/er das tut, was wird dann für Sie anders sein?

Die Antwort auf die Wunderfrage und viele weitere Antworten haben oftmals nicht die Kennzeichen wohlformulierter Ziele, d. h. es wird berichtet was nicht sein soll. Ihre Fragen sollten also auch darauf abzielen, dass diese Kennzeichen – die Abwesenheit von Negationen – erfüllt werden.

3. **Erkunden von Ausnahmen (Ressourcenaktivierung)**
Das Erkunden von Ausnahmen führt den Klienten zu seinen Ressourcen und beinhaltet auch die Möglichkeit die Potenziale und Stärken seiner Familie und seines sozialen Systems zu entdecken.

Die Suche nach Ausnahmen ist keine Frage von alles oder nichts. Es kann Zeiten geben, wo das Problem vorhanden, jedoch weniger stark ausgeprägt ist. Viele Klienten können aber auch von Zeiten berichten, die dem *Wunderbild* ähneln oder sogar fast völlig entsprechen. Die Erfahrung hat gezeigt, dass die Ausnahmen, die erst kurze Zeit zurückliegen, die Nützlicheren sind. Typischerweise kann sich ein Mensch an kurzzurückliegende Zeiträume besser erinnern und es ist für die betreffende Person auch plausibler, dass sie wieder vorkommen könnten.
Bei der Suche nach Ausnahmen vom Problem, die es definitiv gibt, bleibt zunächst noch offen, wie gut sich der Klient dieser erinnern kann. Zu fragen wäre beispielsweise:

Gibt es Zeiten, in denen ______ (das Problem) nicht auftritt oder weniger schwerwiegend ist?
Gab es in Ihrem Leben schon einmal Zeiten, die diesem Wunder, das Sie mir gerade beschrieben haben, ähnelten? (Auch in den letzten Wochen?)

Sollte der Klient hierauf keine Antwort finden, so ließe sich die Frage auch verändert stellen. Der folgende Sprachtrick ermöglicht es dem Befragten ohne dass ihm das bewusst wird, die Verhaftung mit sich selbst zu reduzieren und sich als Person von außen zu betrachten:

Angenommen, ich würde Ihre beste Freundin oder eine andere Ihnen nahestehende Person fragen, an welchen Tagen es Ihnen in der letzten Zeit besser ging, was meinen Sie, würde diese mir antworten?

Wenn eine solche Zeit identifiziert wurde, die idealerweise erst wenige Tage oder Wochen zurückliegt, wird das Interview weiter ausgebaut. Der Klient beschreibt, unterstützt durch Fragen des Therapeuten, die Einzelheiten seines Erlebens, bezogen auf sich selbst und sein psychosoziales Umfeld. Interessieren Sie sich für das *Wer, Was, Wann und Wo* der Ausnahmezeiten.
Wenn Sie der Antwort einer KlientIn auf die Fragen nach Ausnahmen zuhören, denken Sie daran, darauf zu achten, was die Ausnahmezeiten von den Problemzeiten unterscheidet. Wir halten es für sinnvoll, solche Unterschiede zu para-

phrasieren und für die KlientInnen zusammenzufassen, denn sie gehören zu den Rohstoffen, mit denen Lösungen gebaut werden (De Jong und Berg 1998). Durch das Erkunden der Ausnahmen wird der Klient unterstützt, sich seiner aktuellen und früheren Erfolge und deren Bezug zu seinen Zielen bewusster zu werden. Stößt man während des Erkundens auf besondere Stärken des Klienten, dann sollte dies im Besonderen gewürdigt werden, um einen weiteren Zugriff auf Ressourcen zu ermöglichen. Die Devise lautet: Finde heraus, was alles gut funktioniert und passt – und tue mehr davon!

4. **Skalierungsfragen**
Skalierungsfragen laden dazu ein, Beobachtungen, Eindrücke oder Vorhersagen besser einzuschätzen. Sie ermöglichen es einem Klienten die z. T. nur geringen Veränderungen festzustellen, die ansonsten kaum bemerkt würden. Sehr gebräuchlich sind Skalen mit der Ausdehnung 0–10.
Skalierungsfragen haben sehr vielfältige Anwendungsmöglichkeiten, jedoch soll es hier genügen nur eine aufzuzeigen – die Veränderung während der Sitzung.

Angenommen man könnte alles auf einer Skala von 0–10 einstufen. 0 entspricht dem Zustand, wo es Ihnen sehr schlecht ging und Sie sich bei mir angemeldet haben. 10 entspricht dem Wunder, das Sie mir beschrieben haben.
Woauf dieser Skala waren Sie vorhin, zu Beginn unserer Sitzung?
Sie waren also zu Beginn unserer Sitzung bei ____, wo genau würden Sie sich jetzt im Moment einstufen?

Durch die Einschätzung und Benennung der Veränderung während der Sitzung bekommt der Klient eine konkrete Vorstellung, inwieweit die Sitzung für ihn hilfreich war. Dies wiederum stärkt die Motivation und Zuversicht.

Was Sie aus diesem Essential mitnehmen können

- Einen umfassenden Überblick über Ressourcen und eine differenzierte Betrachtung der Aspekte Ressourcenorientierung und Ressourcenaktivierung
- Einen Zugang zur modernen Hypnose und Möglichkeiten, diese praktisch zu nutzen
- Vielschichtige Informationen über die Person Milton H. Erickson, einen der ganz großen Wegbereiter gegenwärtiger und zukünftiger Psychotherapie

C. Mahr, *Ressourcenaktivierung mit Hypnotherapie,* essentials,
DOI 10.1007/978-3-658-08729-6

Literatur

Bandler, Richard, und John Grinder. 1981. *Metasprache und Psychotherapie*. Paderborn: Junfermann.

Bandler, Richard, und John Grinder. 1984. *Therapie in Trance*. Stuttgart: Klett-Cotta.

Bandler, Richard, und John Grinder. 1985. *Reframing*. Paderborn: Junfermann.

Eberwein, Werner, und Gerhard Schütz. 1996. *Die Kunst der Hypnose*. Paderborn: Junfermann.

Erickson, Milton H., und Ernest L Rossi. 1981. *Hypnotherapie*. Stuttgart: Klett-Cotta.

Erickson, Milton H., und Ernest L Rossi. 1991. *Der Februarmann*. Paderborn: Junfermann.

Flückiger, Christoph, und Günther Wüsten. 2008. *Ressourcenaktivierung*. Bern: Verlag Hans Huber.

Grawe, Klaus. 2004a. *Neuropsychotherapie*. Göttingen: Hogrefe.

Grawe, Klaus. 2004b. *Psychologische Therapie*. Göttingen: Hogrefe.

Grawe, Klaus, Ruth Donati, und Friederike Bernauer. 1994. *Psychotherapie im Wandel*. Göttingen: Hogrefe.

Haley, Jay. 1978. *Die Psychotherapie Milton H. Ericksons*. Stuttgart: Klett-Gotta.

Haley, Jay. 1996. *Typisch Erickson*. Paderborn: Junfermann.

Hüther, Gerald, Gunther Schmidt, und Wolf Büntig. 2008. Gehirn und Körper – Ein interdisziplinärer Diskurs Heidelberger Symposium „Gehirn und Körper" März 2008.

de Jong, Peter und Insoo Kim Berg, Lösungen (er-) finden-. 1998. *Das Werkstattbuch der lösungsorientierten Kurzzeittherapie*. Dortmund: Verlag modernes lernen.

Kriz, Jürgen. 1994. *Grundkonzepte der Psychotherapie*. Weinheim: Psychologie Verlag Union.

O'Connor, Joseph und John Seymour. 1992. *Neurolinguistisches Programmieren*. Freiburg: VAK.

Revenstorf, Peter. 2009. *Hypnose in Psychotherapie, Psychosomatik und Medizin*. Heidelberg: Springer Medizin Verlag.

Rosen, Sydney. 1990. *Die Lehrgeschichten von Milton Erickson*. Salzhausen: Iskopress.

Scholz, Werner. 1986. *Taoismus und Hypnose*. Augsburg: AV-Verlag.

Willutzki, Ulrike, und Tobias Teismann. 2013. *Ressourcenaktivierung in der Psychotherapie*. Göttingen: Hogrefe.

Wolinsky, Stephen. 1993. *Die alltägliche Trance*. Freiburg i. Br: Verlag Alf Lüchow.

Yalom, Irvin D. 1989. *Existenzielle Psychotherapie*. Bergisch Gladbach: Verlag A. Kohlhage.

Zeig, Jeffrey K. 1986. *Meine Stimme begleitet sie überallhin*. Stuttgart: Klett-Cotta.

C. Mahr, *Ressourcenaktivierung mit Hypnotherapie*, essentials,
DOI 10.1007/978-3-658-08729-6